Brüder Grimm
Die schönsten Märchen

MOEWIG

Nacherzählung der Grimmschen Märchen
von Günther und Ingeborg Feustel
sowie von Ursula Werner-Böhnke

Illustrationen von:
Günter Wongel (Seite 5 bis Seite 44),
Karl-Heinz Appelmann (Seite 45 bis Seite 82),
Gisela Wongel (Seite 83 bis Seite 114),
Gerhard Rappus (Seite 115 bis Seite 152),
Inge Gürtzig (Seite 153 bis Seite 190).

© by VPM Verlagsunion Pabel Moewig KG, Rastatt
Printed in Germany
ISBN 3-8118-1636-5

Inhalt

7 Hänsel und Gretel

16 Tischlein deck dich

29 Der Hase und der Igel

34 König Drosselbart

45 Die Bremer Stadtmusikanten

55 Der Teufel mit den
 drei goldenen Haaren

67 Die zertanzten Schuhe

75 Rotkäppchen

83 Das tapfere Schneiderlein

93 Die Nixe im Teich

103 Schneeweißchen und Rosenrot

115 Der gestiefelte Kater

125 Sechse kommen durch die Welt

134 Die Hasenbraut

142 Der Froschkönig

153 Schneewittchen

165 Die Bienenkönigin

173 Hans mein Igel

181 Jorinde und Joringel

Hänsel und Gretel

Vor einem großen Walde lebte ein Holzhacker mit seiner Frau und seinen beiden Kindern. Der Junge hieß Hänsel und das Mädchen Gretel. Die Familie war sehr arm, und als eine große Teuerung kam, hatte sie kein Geld mehr, um täglich Brot kaufen zu können. Eines Abends sagte die Mutter zum Vater: „Morgen gehen wir in den Wald. Wir lassen die Kinder dort. Vielleicht findet sie eine gute Seele. Bei uns würden sie nur verhungern."

Die Kinder aber hatten das Gespräch der Eltern belauscht. Sie umarmten einander und weinten bitterlich. Am nächsten Morgen gingen alle in den Wald. Hänsel trug das Säckchen mit dem Brot, von dem die Kinder essen sollten. Sie liefen weit in den Wald hinein. Unterwegs warf Hänsel Brotkrumen auf die Erde, damit sie später den Weg zurück finden könnten.

Auf einer Lichtung zündete ihnen der Vater ein Feuer an, damit sie sich wärmen konnten. Dann streichelte er sie und ging mit seiner Axt tiefer in den Wald hinein. Die Mutter folgte ihm. „Bleibt sitzen, Kinder!" rief sie ihnen zu. „Wenn ihr müde seid, schlaft ein wenig. Am Abend kommen wir, euch zu holen."

Als sie hungrig wurden, aßen sie ihr restliches Brot. Dann schliefen sie ein. Es wurde Abend, aber niemand kam, die Kinder zu holen. Erst in der finsteren Nacht erwachten sie, und Hänsel tröstete sein Schwesterchen.

Als der Mond aufging, wollten sie sich auf den Heimweg machen. Hänsel suchte nach den Brotkrumen, die ihnen den Weg zeigen sollten. Aber sie fanden nichts mehr, denn die Vögel hatten sie längst alle aufgepickt. So irrten sie die ganze Nacht und auch noch am nächsten Tage umher.

Manchmal fanden sie ein paar Beeren, um den Hunger zu stillen. Am Mittag des dritten Tages führte sie ein weißes Vöglein bis zu einem Häuschen, auf dessen Dach es sich setzte. Als die Kinder näher kamen, sahen sie, daß das Häuslein aus Brot gebaut und mit Kuchen gedeckt war. Die Fenster glänzten von hellem Zucker. „Da wollen wir uns sattessen", sprach Hänsel. „Ich will ein Stück vom Dach abbrechen. Gretel, du kannst vom Fenster nehmen." Die Kinder knabberten. Da rief eine Stimme aus der Stube heraus:
„Knusper, knusper, knäuschen,
wer knuspert an meinem Häuschen?"

Die Kinder antworteten:
„Der Wind, der Wind,
das himmlische Kind."
Sie aßen zufrieden weiter. Da ging auf einmal die Tür auf. Eine steinalte Frau, die sich auf einen Stock stützte, kam herausgeschlichen. Gretel erschrak so sehr, daß sie alles auf die Erde fallen ließ. Aber die Alte wackelte mit dem Kopf, nahm Gretel

bei der Hand und führte die Kinder in das Häuschen. Sie gab ihnen Milch und Pfannkuchen, Nüsse und Äpfel. Dann deckte sie zwei weiße Betten auf. Die Kinder fielen sofort in einen tiefen Schlaf und dachten, sie wären im Himmel.

Die Alte, die sich so freundlich zeigte, war aber eine böse Hexe, die Kindern auflauerte. Das Kuchenhäuslein hatte sie bloß gebaut, um sie anzulocken. Am Morgen, als die Geschwister erwachten, packte sie den Hänsel und trug ihn in einen kleinen Stall. Da saß er nun hinter der Gittertür und kam nicht mehr heraus. Dann rüttelte sie Gretel wach. „Steh auf, Faulenzerin, trag Wasser herein, und koche deinem Bruder eine Suppe! Er soll fett werden. In vier Wochen will ich ihn verspeisen."

Gretel weinte, aber sie mußte tun, was die Hexe verlangte. Jeden Morgen schlich die böse Alte zum Ställchen und rief: „Hänsel, steck deine Finger heraus, damit ich fühle, ob du bald fett bist!" Der Junge streckte ihr aber ein Knöchlein durch die Gitterstäbe. Die Hexe konnte schlecht sehen und wunderte sich, daß Hänsel so dünn blieb.

Doch als die vier Wochen vorüber waren, wuchs ihr Appetit so sehr, daß sie nicht länger warten wollte. „Schnell, Gretel!" rief sie. „Mach Feuer, setz Wasser auf! Ich will mir heute den Hänsel kochen, ganz gleich, ob er fett oder mager ist." Ach, wie jammerte das Mädchen, aber die Hexe lachte es nur aus.

Für Gretel hatte sie sich auch etwas Böses ausgedacht. „Heiz das Backofenhäuschen an!" sagte sie. Und dann: „Kriech hinein, und fühle, ob es schon warm genug ist." Gretel ahnte, daß sie gebraten werden sollte. So sprach sie: „Ich weiß nicht, wie ich das machen soll. Da komme ich doch gar nicht hinein."

„Dumme Gans!" sagte die Hexe. „Die Öffnung ist groß genug. Ich könnte selbst hineinkriechen." Sie steckte den Kopf

in die Tür und krabbelte in den Backofen. Da gab ihr Gretel einen Stoß und verriegelte die eiserne Tür. Die böse Geisterhexe verbrannte.

Gretel lief schnell zu Hänsel und befreite ihn aus seinem Käfig. Sie gingen beide noch einmal in das Häuschen und füllten sich alle Taschen voll mit Perlen und Edelsteinen, die sich die Hexe zusammengestohlen hatte. Dann beeilten sie sich, aus dem Hexenwald herauszukommen.

Nach einer Weile kam ihnen der Wald bekannter und immer bekannter vor, und bald darauf erblickten sie ihr Elternhaus. Sie fingen an zu rennen und stürzten zu Mutter und Vater in die Stube. Die waren nicht mehr froh geworden, seit sie die Kinder verlassen hatten. Aber nun schütteten die Geschwister ihre Schätze auf den Tisch. Da hatte alle Not ein Ende, und sie lebten in lauter Freude zusammen.

Tischlein deck dich, Goldesel streck dich und Knüppel aus dem Sack

Vor alten Zeiten lebte einmal ein armer Schneider, der hatte drei Söhne – aber nur eine einzige Ziege. Und weil die Ziege alle zusammen mit ihrer Milch ernährte, bekam sie gutes Futter und wurde jeden Tag auf die Weide geführt.

Eines Tages brachte sie der Älteste auf die Wiese mit den würzigsten Kräutern, und die Ziege konnte nach Herzenslust fressen. Schließlich legte sie sich unter einen Holunderbusch und meckerte:

„Ich bin so satt,
ich mag kein Blatt – mäh!"

Als der älteste Sohn mit der Ziege nach Hause kam, streichelte der Vater das Tier und fragte: „Ziege, bist du satt?"

Da schüttelte die Ziege den Bart und meckerte:

„Wovon sollt' ich satt sein?
Ich sprang nur über Gräbelein
und fand kein einzig Blättelein – mäh!"

Der Schneider wurde zornig, nahm die Elle von der Wand und jagte seinen ältesten Sohn aus dem Haus.

Dem zweiten Sohn erging es nicht besser. Er fand am Waldrand einen Platz mit guten Gräsern. Die Ziege fraß, daß ihr der Wanst beinahe platzte. Aber als der Schneider sie am Abend fragte, ob sie sich satt gefressen hätte, meckerte sie:

„Wovon sollt' ich satt sein?
Ich sprang nur über Gräbelein
und fand kein einzig Blättelein – mäh!"

Da jagte der Schneider auch seinen zweiten Sohn aus dem Haus.

Nun mußte der jüngste Sohn die Ziege auf die Weide führen. Er suchte das schönste Buschwerk mit dem saftigsten Laub, und die Ziege fraß so viel, daß sie sich kaum noch auf den Beinen halten konnte. Aber als der Schneider sie am Abend fragte, schüttelte sie den Kopf und meckerte das gleiche Sprüchlein. Da nahm der Schneider wieder seine Elle und jagte auch den jüngsten Sohn aus dem Haus.

Was blieb dem Schneider nun übrig, er mußte seine Ziege selbst auf die Weide führen. Er suchte die allersaftigsten Gräser und alles, was Ziegen gern fressen. Als die Ziege wieder im Stall stand, fragte der Schneider: „Bist du heute endlich satt?" Die Ziege schüttelte jedoch ihren Kopf und meckerte:

„Wovon sollt' ich satt sein?
Ich sprang nur über Gräbelein
und fand kein einzig Blättelein – mäh!"

Als der Schneider das hörte, erkannte er, daß er seinen drei Söhnen unrecht getan hatte. Er wurde zornig, holte seine scharfe Schneiderschere und schor der Ziege den Kopf – ratzekahl. Dann jagte er sie mit der Elle fort.

Der Schneider saß nun einsam in seiner Schneiderstube und wurde von Tag zu Tag trauriger. Wie gern hätte er seine Söhne zurückgeholt, aber er wußte nicht, wohin es sie verschlagen hatte.

Der älteste war zu einem Schreiner in die Lehre gegangen. Er lernte fleißig und wußte bald so geschickt mit Hobel und Säge umzugehen, daß es für den Meister eine Freude war. Und als er ausgelernt hatte, schenkte der Meister ihm ein einfaches Tischchen. Aber es war ein Schatz! Stellte man es zurecht und sagte: „Tischlein, deck dich!", dann flog ein sauberes Tuch auf den Tisch und nach ihm die herrlichsten Speisen.

Der junge Schreinergeselle dachte: Nun werde ich niemals mehr Hunger leiden, und wanderte heim zu seinem Vater.

Im nächsten Wirtshaus rastete er. Aber als der Wirt fragte, was er auftragen solle, nahm der Bursche sein Tischlein von der Schulter, stellte es mitten in die Wirtsstube und rief: „Tischlein, deck dich!"

Der Wirt und alle Gäste rissen vor Staunen die Augen weit auf, aber dann tafelten sie bis in die Nacht hinein. Der Wirt stand neidisch in einer Ecke, und als der Schreinergeselle in seiner Kammer eingeschlafen war, vertauschte er heimlich das Tischlein-deck-dich mit einem Tisch aus seiner Rumpelkammer.

Am nächsten Mittag freute sich der Vater sehr über den heimgekehrten Sohn, aber er runzelte die Stirn, als er das alte Tischlein sah. Das sollte alles sein, was der Sohn von der Wanderschaft mitbrachte? Doch der beruhigte ihn sogleich: „Dies ist ein Wundertisch. Wenn ich ihm sage, er solle sich decken, so stehen gleich die schönsten Speisen und Getränke darauf. Von nun an müssen wir nie mehr Not leiden!" Und um den Zauber vorzuführen, stellte der Sohn den Tisch mitten in die Schneiderstube und rief: „Tischlein, deck dich!"

Aber nichts geschah. So mußte der Schneider wieder zu seiner Nadel greifen, um sein kärgliches Brot zu verdienen. Der Sohn aber wanderte zu seinem alten Meister zurück, der ihn gern wieder aufnahm.

Der zweite Sohn war zu einem Müller in die Lehre gegangen. Da hatte er es gut, als wäre er der eigene Sohn. Und als seine Lehrjahre um waren, schenkte ihm der Müller einen struppigen Esel. Der Müllerbursche dachte schon: Was soll ich mit diesem

lahmen Tier? Aber der Esel war kein gewöhnlicher Esel. Wenn man zu ihm sagte: „Goldesel, streck dich!", dann spie er Goldstücke – hinten und vorn.

Der junge Müllergeselle geriet in dasselbe Wirtshaus wie sein Bruder. Der Wirt wunderte sich, wie viele Goldstücke der junge Bursche springen ließ. Als die Hosentaschen leer waren, nahm der Müllergeselle ein Tischtuch und ging in den Stall. Der Wirt schlich ihm nach und sah durch den Türspalt. Da rollten ihm beinahe die Augen aus dem Kopf, als die Golddukaten hinten und vorn aus dem Esel hüpften. Noch in der Nacht vertauschte er heimlich den Goldesel gegen einen anderen.

Am nächsten Morgen zog der Müllerbursche mit dem falschen Esel in sein Dorf zurück. Der Vater freute sich herzlich, und der Sohn sagte gleich: „Nun ist unsere Not für immer zu Ende!" Aber als er dem Esel ins Ohr flüsterte: „Goldesel, streck dich!", ließ der keine Goldstücke fallen, sondern nur das, was Esel gewöhnlich immer fallen lassen.

Da mußte der Vater wieder zu seiner Nadel greifen, und der Sohn wanderte zu den Müllersleuten zurück.

Der dritte Sohn hatte das Drechslerhandwerk gelernt. Und weil das Drechseln eine Kunst ist, mußte er am längsten lernen. Zum Abschied schenkte ihm sein Meister einen ledernen Sack mit einem derben Knüppel. Der Junge zog zuerst seine Stirn in Falten, aber als er erfuhr, was es mit dem Knüppel auf sich hatte, lachte er. Seine Brüder hatten ihm nämlich einen Brief geschrieben und ihn vor dem Wirtshaus gewarnt, wo sie um ihre wundersamen Zaubergeschenke hinterlistig betrogen worden waren.

Der jüngste Bruder wanderte fröhlich pfeifend mit seinem Sack auf dem Rücken geradewegs zu diesem Wirtshaus. Er aß und trank – und weil er so geheimnisvoll mit seinem Sack

umging, dachte der Wirt: Das wird wohl wieder so ein Zauberding sein. Vielleicht muß man nur hineingreifen und zieht Schätze heraus, wie die Welt sie noch nie gesehen hat.

Der jüngste Bruder hatte nur darauf gewartet, daß der Wirt heimlich in seine Kammer schlich. Und als er den Sack unter dem Bett hervorzog und gierig darin herumwühlte, rief der Drechslergeselle: „Knüppel, aus dem Sack!"

Da sprang der Prügel auf den Rücken des Wirtes. Und je lauter der Wirt schrie, um so kräftiger schlug der Knüppel den

Takt dazu. „Sperr das Ding wieder in den Sack!" wimmerte der Wirt. Aber der jüngste Bruder verlangte erst das Tischlein-deck-dich und den Goldesel zurück. Was sollte der Wirt tun? Er nickte nur. Da rief der Bursche endlich: „Knüppel, in den Sack!", und der Prügel sprang wieder in den Sack zurück.

Am nächsten Morgen lud der jüngste Bruder das Tischlein und den ledernen Sack auf den Goldesel. Als er heimkam, fand die Not im Schneiderhaus wirklich ein Ende. Das ganze Dorf wurde zu einem Festessen eingeladen, und es gab niemanden, der sich nicht satt essen konnte. Und was vom Tisch abfiel, machte noch alle Hunde und Hühner satt.

Der Hase und der Igel

Seit uralten Zeiten kann man in der Buxtehuder Heide um jede Ecke gehen – man trifft immer einen Igel, aber nie einen Hasen. Und wie das kommt, davon weiß mein Großvater eine Geschichte zu erzählen. Er schwört einen blanken Eid, daß sie die reine Wahrheit ist.

Also – es war ein Sonntagmorgen wie Samt und Seide. Die Lerche jubelte hoch in den Lüften, und der sachte Wind war mit Blütendüften beladen. Der Igel hob die Nase in den Wind und sagte zu seiner Frau: „Ich will nach unseren Steckrüben sehen und dabei die Morgenstunde genießen." Die Igelin nickte und wusch die Kinder – eines nach dem anderen.

Der Igel wanderte gemächlich am Feldrain entlang und pfiff sich ein Lied. Nicht lange, da kam ihm ein Hase entgegen, wie ein vornehmer Herr mit gestreiften Hosen und einem Spazierstöckchen.

Der Igel grüßte freundlich: „Guten Morgen!" Der Hase aber erwiderte den Gruß nicht und sah nur hochmütig auf den Igel herab: „Was hast du schon am frühen Morgen in der Gegend herumzulaufen?"

„Ich gehe spazieren", antwortete der Igel freundlich. Da begann der Hase zu lachen und deutete mit seinem Stöckchen auf die krummen Igelbeine. „Mit diesen schiefen Beinen wirst du nicht weit kommen!"

Das ärgerte den Igel. „Du meinst wohl, du kannst mit deinen langen Stelzen schneller laufen?" brummte er.

„Das meine ich!" lachte der Hase hochmütig.

„Dann wollen wir am Nachmittag über den langen Acker um die Wette laufen. Wer verliert, zahlt einen Taler!" rief der Igel, ließ den verblüfften Hasen stehen und trippelte schnurstracks nach Hause.

Vor der Haustür wartete schon die Igelin und wollte wissen, wie die Steckrüben stehen. „Frau, ich habe mit dem Hasen einen Wettlauf verabredet – um einen Taler!" sagte der Igel.

„Mann, bist du denn ganz von Sinnen!" lamentierte die Igelin entsetzt und schlug die Hände über dem Kopf zusammen. Aber

der Igel nahm seine Frau bei der Pfote und zog sie mit, ob sie nun wollte oder nicht.

So kamen die beiden zum langen Acker. Der Igel wählte zwei Furchen aus und sagte zu seiner Frau: „Hier laufe ich – daneben der Hase. Du hockst dich hinter den Stein. Und wenn der Hase kommt, rufst du: ‚Ich bin schon hier!'"

Der Igel trippelte zum anderen Ende des Ackers und wartete auf den Hasen. Der kam auch bald um die Ecke.

„Los!" rief der Igel. Der Hase sprang in seine Furche und rannte, als wären die Hunde hinter ihm her. Der Igel aber trippelte nur drei Schritte und duckte sich dann.

Als der Hase am anderen Ende der Furche ankam, stand da schon die Igelin und rief: „Ich bin schon hier!"

„Noch einmal!" schrie der Hase und lief schnell wie der Sturmwind die Furche zurück.

„Ich bin schon hier!" lachte der Igel am anderen Furchenende.

„Das geht nicht mit rechten Dingen zu!" hechelte der Hase. „Umgedreht – und noch einmal gelaufen!"

„Ich bin schon hier!" rief ihm diesmal wieder die Igelin entgegen.

„Umgedreht! Noch einmal!" stöhnte der Hase außer Atem und flog fast durch die Furche.

„Bin schon hier!" winkte der Igel.

Der Hase hetzte hin und her – die Furche hinauf, die Furche hinunter. Aber immer, wenn er am Ziel ankam, rief es ihm entgegen: „Ich bin schon hier!"

Nach der zwölften Runde fiel der Hase erschöpft in die Furche und streckte alle viere von sich. Der Igel aber nahm den Taler in Empfang, holte seine Frau, und beide lachten noch den ganzen Abend über den hochmütigen Hasen, den sie so an der Nase herumgeführt hatten.

Seitdem läßt sich keine Hase mehr in der Buxtehuder Heide sehen. Und wer diese Geschichte kennt, der weiß auch, warum.

König Drosselbart

Es ist schon lange her, da herrschte im Lande der tausend Apfelbäume ein König. Der hatte eine Tochter, die war so schön wie kein anderes Mädchen unter der Sonne. Und weil es ihr jedermann sagte, wurde sie hochmütig, und niemand war vor ihrem Spott sicher.

Da beschloß der König, seine Tochter zu verheiraten. Im Schloß wurde ein rauschendes Fest gefeiert, und aus allen Windrichtungen kamen die heiratslustigen Könige und Prinzen herbei. Die Königstochter schritt durch die Reihen und hatte an jedem etwas auszusetzen – der eine war dick wie ein Weinfaß, der andere rot wie ein Gockelhahn, der dritte zu kurz, der vierte zu lang.

Vor einem jungen König, der ein Kinn wie ein Drosselschnabel hatte, blieb die Prinzessin stehen. Sie verneigte sich und

lachte: „Sei mir gegrüßt, König Drosselbart!" Alle im Saal kicherten, und der junge König mußte den Spottnamen bis an sein Lebensende tragen.

Als der alte König sah, daß seine Tochter die geladenen Gäste nur verspottete, wurde er zornig. Er schwor, sie sollte den ersten Bettler zum Manne nehmen, der an die Schloßtür klopfen würde.

Ein paar Tage nur vergingen, da spielte auf dem Schloßhof ein Fiedler sein Lied und bettelte um Almosen. Der alte König

nahm den Spielmann mit seinen zerlumpten Kleidern an der Hand und führte ihn zu seiner Tochter. Und ob die Prinzessin wollte oder nicht, sie mußte den Bettler auf der Stelle heiraten. Dann ließ der König die beiden aus dem Schloß jagen. „Es soll kein Bettelweib in meinem Schloß leben!" rief er seiner Tochter nach.

Der Spielmann wanderte mit der Prinzessin durch einen kühlen Wald. „Wem gehört dieser schöne Wald?" fragte die Prinzessin.

„Dem König Drosselbart!" antwortete der Spielmann mürrisch.

Dann gingen sie über eine blühende Wiese. „Wem gehört die grüne Wiese?" fragte die Prinzessin wieder.

„Sie gehört dem König Drosselbart!"

Die beiden überquerten eine Brücke und gingen durch die breiten, prächtigen Straßen einer Stadt. „Wem gehört diese reiche Stadt?" fragte die Prinzessin.

„Dem König Drosselbart!" antwortete der Spielmann wieder.

Die Prinzessin seufzte: „Ach, ich arme Jungfer zart, hätt' ich doch genommen den König Drosselbart!"

Da wurde der Spielmann zornig. „Es gefällt mir nicht, daß du dir einen anderen Mann wünschst. Bin ich dir nicht gut genug?"

Endlich erreichten sie ein winziges Hüttchen. Das gehörte dem Spielmann. Es war so niedrig, daß sich die Prinzessin bücken mußte, um durch die Tür zu kommen.

„Wo sind die Diener?" fragte die Prinzessin. Der Spielmann zeigte auf ihre Hände: „Das sind deine Diener!"

Für die Prinzessin begannen harte Tage. Sie verstand kein Feuer im Herd zu entfachen und konnte weder kochen noch fegen. Als die Vorräte aus dem Bettelsack des Spielmannes aufgebraucht waren, sagte er: „Frau, so geht das nicht länger. Du mußt wenigstens Körbe flechten!" Die Prinzessin zerstach sich die Hände an den Weidenruten, aber kein einziger Korb wurde fertig.

Der Spielmann schüttelte unwillig den Kopf. „Frau, du taugst zu keiner Arbeit. Ich Dummkopf habe mir mit dir einen Mühlstein an den Hals gehängt!"

Am nächsten Morgen brachte der Spielmann eine Karre mit irdenem Geschirr auf den Markt, und die Prinzessin mußte es verkaufen. Weil sie ein hübsches Gesicht hatte, nahmen ihr die Leute gern Schüsseln und Teller ab.

Das Glück dauerte aber nur ein paar Tage, da ritt ein betrunkener Husar über den Markt und mitten in die Töpfe, Kannen und Schüsseln hinein, daß alles in tausend Scherben zersprang. Wie ein Häufchen Unglück saß die Prinzessin vor dem Scherbenberg und weinte: „Was wird wohl mein Mann dazu sagen?"

Als der Spielmann davon erfuhr, seufzte er tief: „Warum mußt du auch so dumm sein und dich mit zerbrechlichem Geschirr an die Ecke des Marktes setzen? Frau, du taugst eben zu keiner ordentlichen Arbeit!"

Der Spielmann nahm die Prinzessin an die Hand und brachte sie in die Küche eines prächtigen Schlosses. Hier sollte sie als Magd dienen und die sauerste Arbeit tun: Feuer schüren, Kessel putzen und Geschirr waschen.

Sie knotete sich in die Taschen ihres Kittels kleine Töpfe. Darin sammelte sie die Speisereste und trug sie nach Hause. Der Spielmann wartete schon jeden Tag auf die Abfälle, denn beide hatten nichts anderes zu essen.

Eines Tages wurde im Schloß ein Fest vorbereitet, und in Küche und Keller ging es zu wie in einem Bienenstock. Als nun die Lichter im Saal angezündet wurden, stellte sich die Prinzessin vor die Tür, um einen Blick auf all die Pracht und Herrlichkeit zu erhaschen. Die Diener warfen ihr ab und zu einen übriggebliebenen Brocken zu, den sie schnell in ihre Töpfchen steckte.

Plötzlich kam der junge König auf die Prinzessin zu und ergriff ihre Hand, um mit ihr zu tanzen. Sie erschrak und wollte schnell davonlaufen, aber der König hielt sie fest und tanzte mit ihr quer durch den Saal. Da zerriß das Band, mit dem die Töpfchen in den Taschen angeknotet waren, und die Brocken sprangen hierhin und dorthin. Alle im Saal lachten und spotteten.

Die Prinzessin aber wäre vor Scham am liebsten im Boden versunken. Sie raffte ihren Rock und flüchtete in das Treppenhaus.

Am Schloßtor holte sie der junge König ein – und sie sah ihm ins Gesicht. Da erkannte sie den König Drosselbart. Er nahm sie in die Arme und sagte freundlich: „Fürchte dich nicht – ich war der Spielmann, der mit dir in der Hütte hauste. Ich bin auch als Husar durch deine Töpfe geritten. Wie sollte ich deinen Hochmut sonst besiegen, denn ich liebe dich!"

Da schämte sich die Prinzessin – und sie feierte mit König Drosselbart noch einmal Hochzeit. Auch der alte König wurde eingeladen und wünschte beiden Glück – und das blieb ihnen hold, so lange sie lebten.

Die Bremer Stadtmusikanten

Ein Mann besaß einen Esel, der schon lange Jahre die Säcke zur Mühle getragen hatte. Nun aber gingen die Kräfte des Tieres zu Ende, so daß es zur Arbeit nicht mehr taugte. Sein Herr wollte es nicht mehr füttern. Da machte sich der Esel auf den Weg nach Bremen. Dort, meinte er, könne er Stadtmusikant werden.

Als er ein Weilchen gegangen war, fand er einen Jagdhund auf dem Wege liegen, der japste wie einer, der sich müde gelaufen hatte. „Was ist, Packan?" fragte der Esel.

„Ach", seufzte der Hund, „weil ich alt bin und nicht mehr zum Jagen tauge, wollte mich mein Herr töten lassen. Da bin ich ausgerissen. Aber wo soll ich nun mein Brot verdienen?"

„Weißt du was?" sprach der Esel. „Ich gehe nach Bremen und werde dort Stadtmusikant. Zieh mit mir! Auch du kannst musizieren!"

Der Hund war mit dem Vorschlag sehr zufrieden. Sie gingen weiter. Es dauerte nicht lange, so saß da eine Katze am Weg und zog ein Gesicht wie sieben Tage Regenwetter. „Was ist dir in die Quere gekommen, alter Bartputzer?" fragte der Esel.

„Wer kann schon lustig sein, wenn es ihm an den Kragen gehen soll!" antwortete die Katze. „Ich bin alt geworden und liege lieber am warmen Ofen, als Mäuse zu jagen. Da wollte mich meine Herrin ersäufen. Ich konnte gerade noch entwischen. Aber wo soll ich hin?"

„Geh mit uns nach Bremen! Du verstehst dich doch auch aufs Musizieren, werde Stadtmusikantin!"

Die Katze hielt das für gut und ging mit. Die drei Tiere kamen an einem Bauernhof vorüber. Auf dem Tor saß der Haushahn und schrie, was seine Stimme hergab. „Das klingt ja sehr traurig!" sprach der Esel. „Was ist mit dir?"

„Da habe ich viele Jahre das Wetter ausgerufen und die Leute am Morgen geweckt, aber weil morgen Gäste aus der Stadt erwartet werden, soll ich im Suppentopf enden. Nun schrei' ich, so lange ich noch kann."

„Ei was, Buntschwanz", sagte der Esel. „Zieh lieber mit uns. Wir gehen nach Bremen und wollen dort Stadtmusikanten werden. Du hast eine gute Stimme, die würde in unseren Chor passen."

Dem Hahn gefiel dieser Vorschlag sehr, und sie zogen gemeinsam weiter. Doch konnten sie die Stadt Bremen nicht an einem Tage erreichen. Sie kamen abends in einen Wald, wo sie übernachten wollten.

Unter einem Baum machten sie es sich bequem, und der Hahn flog bis in die Spitze der Krone. Aber als er gerade die Augen schließen wollte, sah er sich noch einmal um. Da schien ihm, er sähe in der Ferne ein Licht brennen, und er rief seinen Gesellen zu: „Nicht weit von hier ist ein Haus!"

Der Esel schlug vor, hinzugehen, um dort bequemer zu schlafen und vielleicht sogar ein paar Essensreste zu bekommen. Also liefen sie in die Richtung, aus der das Licht gefunkelt hatte. Bald standen sie vor einem Haus, dessen Fenster hell erleuchtet waren.

Der Esel, der größte von allen, blickte hinein. „Was siehst du, Grauschimmel?" fragten die anderen. „Einen gedeckten Tisch mit gutem Essen und Trinken. Räuber sitzen darum und lassen es sich wohl sein", antwortete der Esel. „Das wäre etwas für uns!"

Sie berieten, was zu tun sei. Am besten wäre es, die Räuber zu verjagen. Der Esel mußte sich mit den Vorderfüßen auf das Fensterbrett stellen, der Hund auf des Esels Rücken springen, die Katze auf den Hund klettern, und endlich flog der Hahn hinauf und setzte sich auf den Kopf der Katze.

„Los!", flüsterte der Esel, und sie begannen, ihre Musik zu machen. Der Esel schrie, der Hund bellte, die Katze miaute, und der Hahn krähte. Dann stürzten sie durch das Fenster in die Stube hinein, daß die Scheiben klirrten.

Die Räuber fuhren bei dem entsetzlichen Geschrei in die Höhe und meinten, daß ein Gespenst erschienen sei. Voller Furcht flohen sie in den Wald hinaus. Die vier Musikanten setzten sich an den Tisch und ließen sich die Reste gut schmecken.

Als sie satt waren, löschten sie das Feuer und das Licht, und jeder suchte sich eine Schlafstätte, wie er sie nach seiner Natur zur Bequemlichkeit brauchte. Der Esel legte sich auf Stroh, der Hund hinter die Tür, die Katze auf die warmen Herdplatten, und der Hahn setzte sich auf einen Balken. Müde von den vielen Erlebnissen schliefen sie ein.

Als Mitternacht vorbei war und die Räuber von weitem sahen, daß kein Licht mehr brannte, ärgerten sie sich, nicht in ihren Betten zu liegen. Vorsichtshalber schickten sie aber einen Kundschafter, das Haus zu untersuchen.

Der Räuber fand alles still. Er ging in die Küche, ein Licht anzuzünden. Die glühenden Augen der Katze hielt er für glimmende Kohlenstückchen und wollte einen Kienspan daran entzünden. Aber die Katze sprang ihm ins Gesicht, spuckte, schrie und kratzte. Er erschrak und wollte zur Tür hinaus. Da biß ihn der Hund ins Bein. Der Esel gab ihm einen tüchtigen Schlag mit dem Hinterfuß. Und der Hahn, vom Lärm erwacht, rief laut vom Balken herunter: „Kikerikiiii!"

Da lief der Räuber, was er konnte, zu den anderen und berichtete: „Im Haus sitzt eine greuliche Hexe. Die hat mich angefaucht und mit ihren langen Fingern im Gesicht gekratzt. Vor der Tür steht einer mit einem Messer. Der stach mich ins Bein. Auf dem Hof hat mich ein schwarzes Ungetüm mit einer Holzkeule fast erschlagen. Unterm Dach aber sitzt der Richter, der rief: ‚Bring mir den Räuber!'"

So trauten sich die Räuber nicht wieder zurück und verließen den Wald vor Bremen und das ganze Land. Den Bremer Stadtmusikanten aber gefiel es so gut in dem Haus im Wald, daß sie für immer darin blieben.

Der Teufel mit den drei goldenen Haaren

Möge niemand sagen, daß es keine Glückskinder mehr gibt. In einer Hütte am Rande des Dorfes wurde vor langer, langer Zeit eines geboren. Seine Eltern waren so arm, daß nicht einmal jeden Tag eine Suppe auf dem Tisch stand.

Da kam eines Tages eine alte Frau an der Hütte vorbei. Sie nahm das Kind aus der Wiege und sagte: „Dieser Knabe wird die Tochter des Königs heiraten, wenn er herangewachsen ist." Das erzählte die Mutter stolz überall im Dorf, und es sprach sich bald bis zum Königshof herum.

Der König hatte ein böses Herz. Er ritt zu der Hütte, redete freundlich und bot den Eltern viel Gold für das Kind. Da dachte die Mutter, wenn er so viel Gold in den Taschen hat, wird mein Sohn nie Hunger leiden müssen.

Der König legte das Kind in eine kleine Kiste, nahm es auf das Pferd und trabte davon. Als er an einem tiefen Weiher vorbeikam, warf er die Kiste in das Wasser und rief dem Kind nach: „Jetzt wirst du wohl nie meine Tochter heiraten!"

Aber das Kistchen schwamm bis zum Mühlenwehr. Da fischte es ein Mühlknecht aus dem Wasser und dachte: Vielleicht habe ich einen Schatz gefunden! Aber als er den Deckel hob, schrie das Kind so laut, daß es die Müllersleute hörten. Sie nahmen das Kind mit in die Mühle und liebten es bald wie ihren eigenen Sohn, denn sie hatten keine Kinder.

Als das Glückskind herangewachsen war, rettete sich der König eines Tages, als er auf der Jagd war, vor einem heftigen Gewitter in die Mühle. Der Junge brachte ihm Wein und Brot, und weil er so schön war, fragte der König: „Ist das euer Sohn?"

Da erzählten die Müllersleute, daß sie ihn vor Jahren in einem Kistchen aus dem Mühlenwehr gefischt hätten. Gleich wußte der König, wer da vor ihm stand.

Er soll meine Tochter nie bekommen, dachte er böse. Aber er lächelte freundlich und gab dem Müllerburschen einen Brief. Den sollte er am Morgen zum Königshof bringen. Im Brief aber stand, daß der Überbringer sofort in den Turm geworfen und in schwere Ketten gelegt werden solle.

Das Glückskind wanderte durch einen wilden Wald, und als die Sonne unterging, überfielen ihn Räuber. Weil sie aber nur den Brief in seinen Taschen fanden, öffneten sie ihn. Als sie den Inhalt gelesen hatten, empfanden die hartherzigen Räuber Mitleid mit dem Jungen und beschlossen: „Das wollen wir dem bösen König versalzen." Sie schrieben am Feuer einen neuen Brief. Darin stand, daß der Überbringer sofort die Königstochter heiraten solle. Und da der Müllerbursche inzwischen eingeschlafen war, bekam er von alldem nichts mit.

Am Königshof wunderte man sich sehr über den Brief, aber es wurde sogleich Hochzeit gefeiert. Und das Glückskind und die Prinzessin fanden Gefallen aneinander.

Kaum eine Woche später kam der König von der Jagd zurück. Als er erfuhr, daß seine Tochter nun doch den Müllerburschen geheiratet hatte, wurde er zornig. Er ließ sich den Brief bringen und erkannte sofort, daß es der falsche war. Aber was sollte er tun?

Einem bösen Menschen fällt immer etwas Böses ein. Deshalb ließ der König den Müllerburschen rufen. „Wenn du mir drei goldene Haare vom Teufel bringst, darfst du meine Tochter behalten!" sagte er zu ihm.

„Ich fürchte mich nicht vor dem Teufel!" rief der Müllerbursche und nahm den Weg zur Hölle unter seine Füße. Zuerst kam er an die Tore einer Stadt. Die Wächter wollten ihn nicht hineinlassen. „Du mußt uns erst sagen, warum der Brunnen auf dem Marktplatz kein Wasser mehr gibt."

„Das sollt ihr erfahren, wenn ich aus der Hölle zurückkomme!" antwortete der Bursche. Die Wächter hielten ihn für einen Narren und ließen ihn laufen.

Am nächsten Stadttor stellten sich ihm wieder Wächter in den Weg. „Kannst du uns sagen, warum unser kostbarer Apfelbaum keine goldenen Äpfel mehr trägt?"

„Das sage ich euch, wenn ich aus der Hölle zurückkomme", antwortete der Müllerbursche. Da wollten sie ihn nicht aufhalten, denn wer stellt sich schon einem in den Weg, der in die Hölle will?

Nicht lange, da kam das Glückskind an einen gewaltigen Fluß. Dahinter lag die Hölle. Der Fährmann seufzte: „Ich bin es leid, ohne Pause überzusetzen. Kannst du mir sagen, warum ich niemals abgelöst werde?"

„Das sage ich dir, wenn ich vom Teufel zurück bin", lachte der Müllerbursche und sprang an Land.

In der Hölle war der Teufel gerade nicht zu Hause, nur seine Großmutter saß im Sorgenstuhl. „Menschenkind, was willst du?" fragte sie.

„Ich brauche drei goldene Haare vom Teufel, sonst kann ich meine Frau nicht behalten – und noch drei Antworten dazu", sagte der Bursche.

„Gut, gut, du gefällst mir, weil du keck und unverschämt bist wie ein Teufel. Könntest beinahe mein Enkelchen sein!" kicherte die Alte.

Da wollte das Glückskind die drei Fragen nennen, aber des Teufels Großmutter schüttelte den Kopf. „Die kenne ich längst, mein Söhnchen. Aber wenn dich der Teufel hier findet, geht es dir an den Kragen." Also verwandelte die Alte das Glückskind in eine Ameise, und die versteckte sich in ihren Rockfalten.

Am Abend kam der Teufel nach Hause. „Ich rieche, rieche einen Menschen!" brummte er gleich und suchte in allen Ecken. Aber die Ameise in den Rockfalten fand er nicht. Es dauerte nicht lange, da schlief der Teufel ein und schnarchte so gewaltig, daß die Hölle bebte. Da riß ihm seine Großmutter ein goldenes Haar aus.

„Autsch!" schrie der Teufel. „Warum reißt du mir die Haare aus?"

„Weil ich einen schlechten Traum hatte", flüsterte die Alte und erzählte von dem Brunnen, der kein Wasser mehr geben wollte.

„Dummes Zeug!" rief der Teufel. „Die Kröte ist schuld, die tief im Brunnen sitzt."

Er schlief gleich wieder ein und schnarchte. Da riß ihm die Alte das zweite goldene Haar aus.

„Alte, was ist nun schon wieder los?" schrie der Teufel.

„Ich habe diesmal von einem Apfelbaum geträumt, der keine goldenen Äpfel mehr tragen will!"

„Papperlapapp!" brüllte der Teufel. „Die Maus, die an der Wurzel nagt, ist der Übeltäter!" Er legte sich auf die andere Seite und schnarchte weiter.

Da riß ihm die Alte das dritte Haar aus. Der Teufel fuhr wie ein Blitz durch die Hölle. „Beruhige dich, Söhnchen", sprach die Alte und kraulte dem Teufel den Kopf. „Ich habe nur von einem Fährmann geträumt, der seine Ruder nicht abgeben kann!"

„So ein Holzkopf!" lachte der Teufel. „Soll er sie doch dem nächsten in die Hand drücken, den er übersetzt!" Gleich legte er sich vor das Höllenfeuer und schlief wieder ein.

Als der Teufel am nächsten Morgen wieder fortgezogen war, holte sich die Alte die Ameise aus der Rockfalte und gab dem Glückskind die menschliche Gestalt zurück. Dann sagte sie: „Du hast die Antworten gehört – hier sind die drei goldenen Haare."

Das Glückskind bedankte sich und machte sich auf den Heimweg. Der Fährmann erkundigte sich sogleich nach der Antwort auf seine Frage, doch der Müllerbursche gab sie ihm erst, als er am anderen Ufer stand. Mittags kam er in die Stadt mit dem Apfelbaum. Und als die Wächter nachgruben, fanden sie die Maus, die an den Wurzeln nagte. Kaum hatten sie die Maus gefangen, trug der Baum wieder goldene Äpfel. Da schenkten sie dem Müllerburschen einen Sack voll Gold und einen Esel dazu.

In der nächsten Stadt erging es ihm ähnlich. Die Leute vertrieben die Kröte, und der Brunnen sprudelte wieder. Auch hier bekam das Glückskind einen Sack voll Gold und einen Esel dazu.

Als der König die drei goldenen Haare des Teufels in der Hand hielt, verschlug es ihm die Sprache. Aber seine Augen starrten gierig auf die Esel mit den Goldsäcken. Das bemerkte das Glückskind und sagte: „Ich bin zu einem gewaltigen Fluß gekommen, und der Fährmann hat mich übergesetzt. Auf dem anderen Ufer lagen die Goldstücke wie anderswo der Sand."

Da ritt der König sofort zu dem Fluß vor der Hölle und stieg in das Boot des Fährmannes. Der drückte ihm schnell die Ruder in die Hand, sprang an das Ufer und lief davon. Der König aber mußte seitdem die Leute zur Hölle übersetzen, und das tut er vielleicht heute noch.

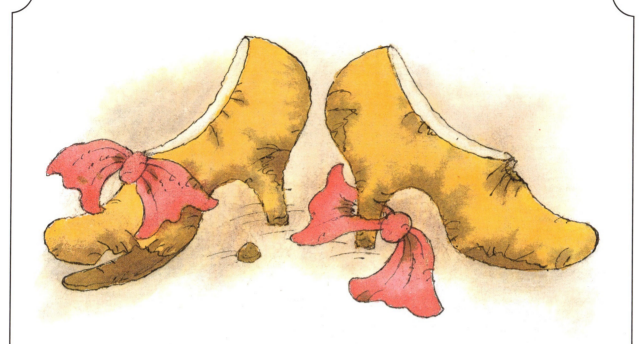

Die zertanzten Schuhe

Es lebte einmal ein König, der hatte zwölf wunderschöne Töchter, aber sie waren blaß wie Schneerosen. Ihre Betten standen alle in einem Saal aufgereiht. Der König raufte sich jeden Morgen die Haare, denn die zwölf Paar Schuhe der Prinzessinnen waren über Nacht völlig durchgetanzt. Jeden Tag zwölf Paar neue Schuhe! Das macht selbst einen König arm.

Doch die Prinzessinnen wußten selbst nicht, wo sie Nacht um Nacht so wild herumsprangen. Da ließ der König einen Ausrufer holen. Der mußte in allen Städten und Dörfern verkünden: „Jeder, der das geheimnisvolle Rätsel der zertanzten Schuhe lösen kann, darf eine Prinzessin heiraten!"

In Scharen kamen Prinzen, Stadtschreiber und Handwerksburschen, aber niemandem gelang es, das Rätsel zu lösen.

Eines Tages klopfte ein Spielmann an die Schloßtür und wollte es auch versuchen. Er bekam ein Bett in einem Nebenraum und Wein und Braten. Als der Spielmann am Abend gegessen und getrunken hatte, wurden ihm plötzlich Arme und Beine bleischwer. Er sank auf das Bett und schlief ein. Als er am Morgen erwachte, waren wieder alle zwölf Paar Schuhe zertanzt, und der König wußte nicht ein noch aus. Da wollte es der Spielmann noch einmal versuchen, und der verzweifelte König nickte.

Am Abend öffnete der Spielmann das Fenster, denn er dachte: Vielleicht hält mich die kühle Nachtluft wach. Da flog ein Buchfink auf das Fensterbrett und zwitscherte:

„Ein Krümel vom Braten,
dann will ich's verraten:
Trink nicht vom Wein!
Trink nicht vom Wein!"

Der Spielmann, der wie alle Musikanten die Sprache der Vögel verstand, schnitt ein Schnipselchen vom Braten und legte es auf das Fensterbrett. Den Wein aber goß er in den Garten.

Der Buchfink bekam selten Braten vorgesetzt. Zum Dank brachte er dem Spielmann ein Spinnwebkäppchen, das machte unsichtbar.

Kurz vor Mitternacht hörte der Spielmann Seide rauschen. Und als er durch das Schlüsselloch in den Schlafsaal der Prinzessinnen blickte, zogen sich alle zwölf seidene Ballkleider an – wie im Traum. Der Spielmann setzte das Tarnkäppchen auf und schlüpfte ungesehen in den Schlafsaal.

Die Schloßuhr schlug zwölfmal. Da klappte das Bett der ältesten Prinzessin hoch. Tanzmusik fiedelte aus der Tiefe. Die älteste Prinzessin stieg eine Treppe hinunter, die unter ihrem Bett in die Erde führte. Die elf anderen Schwestern folgten ihr, und auch der Spielmann schlüpfte hinterher.

Die Tanzmusik wurde immer lauter. Die Prinzessinnen gingen wie im Schlaf durch eine Allee mit silbernen Bäumen. Heimlich brach der Spielmann ein Blatt von einem Zweig. Da donnerte es wie ein Paukenschlag. Die Prinzessinnen rissen für einen Augenblick die Augen weit auf, als würden sie erwachen, aber dann gingen sie wie im Traum weiter.

Rechts und links des Weges standen jetzt Bäume mit goldenem Laub. Wieder pflückte der Spielmann ein Blatt vom Ast und steckte es in seine Jacke. Da donnerte es, als wären sieben Gewitter gleichzeitig losgebrochen. Die jüngste Prinzessin sah sich um und flüsterte: „Geht da jemand hinter mir?"

Aber die älteste Prinzessin hatte schon den dichten Wald erreicht. Da wuchsen Bäume, die trugen Laub aus Diamanten. Vorsichtig brach der Spielmann ein Blatt ab – und es donnerte, als hätte jemand mit einer Kanone geschossen.

Aber die älteste Prinzessin stand schon an einem See. Dort warteten zwölf nachtschwarze Prinzen in schwarzen Booten und ruderten die Prinzessinnen zu einem düsteren Schloß. Hinter den Fenstern leuchtete es hell wie Feuer. Der Spielmann sprang in das letzte Boot und kam so unbemerkt über das dunkle Wasser.

Doch als er in das Schloß hineinschlüpfen wollte, schlug ihm die Tür vor der Nase zu. Hinter den Fenstern sah er die Prinzessinnen wie Wirbelwinde tanzen – jede mit einem schwarzen Prinzen. Es hörte sich an, als würden Teufel stampfen.

Plötzlich krähte ein Hahn. Die schwarzen Prinzen ruderten die Prinzessinnen blitzschnell über den See zurück. Der Spielmann konnte gerade noch aufspringen. Und ehe er sich's versah, lagen die zwölf Prinzessinnen in ihren Betten – und davor standen zwölf Paar zertanzte Schuhe.

Wieder wußte der König nicht ein noch aus. Da legte der Spielmann die Blätter – das silberne, das goldene und das diamantene – auf den Tisch und erzählte, was er in der Nacht erlebt hatte. Mit lautem Getöse stürzte bei seinen Worten die Treppe unter dem Bett der ältesten Prinzessin zusammen.

Die Prinzessinnen fielen in Ohnmacht – alle zwölf. Als sie die Augen wieder aufschlugen, färbten sich ihre bleichen Wangen rot. Sie waren gesund und sahen aus wie rote Rosenknospen. Der Spielmann hatte sie alle erlöst.

Da durfte er sich eine Prinzessin auswählen. Er nahm die jüngste, und es wurde Hochzeit gefeiert. Noch einmal zertanzten alle zwölf Prinzessinnen die Schuhe – aber diesmal strahlte der König vor Freude.

Rotkäppchen

Es war einmal ein kleines Mädchen, das hatte jeder lieb, der es kannte – besonders aber seine Großmutter. Sie schenkte ihm ein rotes Käppchen. Das leuchtete wie eine Mohnblüte, und deshalb nannte alle Welt das Mädchen Rotkäppchen.

Eines Tages wurde die Großmutter krank. Die Mutter packte Wein und Kuchen in ein Körbchen und sagte: „Rotkäppchen, bring das Körbchen zur Großmutter. Sie ist schwach, und Wein und Kuchen werden sie stärken. Aber weiche nicht vom Weg ab und vergiß nicht, der Großmutter einen guten Morgen zu wünschen."

Rotkäppchen nickte, nahm das Körbchen und wanderte fröhlich in den Morgen. Die Großmutter wohnte weit draußen im Wald, aber Rotkäppchen blieb auf dem Weg, wie es der Mutter versprochen hatte.

Da begegnete ihm ein Wolf. Rotkäppchen wußte nicht, was der Wolf für ein böses Tier war, und sagte freundlich: „Guten Tag!"

„Wo willst du so früh am Morgen hin?" fragte der Wolf mit sanfter Stimme.

„Zur Großmutter und ihr Wein und Kuchen bringen!" antwortete Rotkäppchen.

„Wo wohnt denn deine Großmutter?" fragte der Wolf und hatte noch immer eine sanfte Stimme.

„In dem Häuschen unter den drei Eichen!" sagte Rotkäppchen.

Der Wolf dachte: Das junge kecke Ding ist ein zarter Bissen, und die Alte bekomme ich noch dazu. Ich muß es nur listig anfangen. Er lief ein Stückchen neben Rotkäppchen her, dann deutete er mit der Pfote auf einen wilden Wacholderbusch. „Da hinten blühen die schönsten Glockenblumen, die ich kenne. Und hör nur, wie die Vögel singen!"

Da hob Rotkäppchen den Kopf und sah, wie die Sonnenstrahlen durch die Zweige tanzten. Sie wollte die Sonnenkringel fangen und lief tiefer in den Wald hinein. „Großmutter wird sich über einen frischen Strauß Glockenblumen freuen", flüsterte Rotkäppchen und kam mehr und mehr vom Wege ab.

Der Wolf aber ging geradewegs zum Haus der Großmutter und klopfte an die Tür. „Wer ist da?" fragte die Großmutter.

„Dein liebes Rotkäppchen! Ich bringe dir Wein und Kuchen!" flüsterte der Wolf mit zarter Stimme.

„Wie gut, daß du kommst", seufzte die Großmutter.

Als der Wolf hörte, wie schwach die Großmutter war, drückte er die Klinke herunter, sprang ohne ein Wort zum Bett und verschlang sie mit Haut und Haaren. Er zog sich ihre Kleider an, die auf dem Stuhl lagen, und setzte die Haube tief ins Gesicht. Zuletzt drückte er sich Großmutters Brille auf die Nase.

Inzwischen hatte Rotkäppchen so viele Glockenblumen gepflückt, daß sie den Strauß kaum noch tragen konnte. Da fiel ihr die kranke Großmutter wieder ein, und sie lief ohne Umwege zu dem Häuschen unter den drei Eichen.

Rotkäppchen wunderte sich, daß die Haustür weit offenstand. Und als sie zögernd in die Stube trat, kam ihr alles so seltsam vor, und ihr Herz schlug ängstlich. Sie rief: „Guten Morgen, Großmutter!" Aber sie bekam keine Antwort.

Da ging Rotkäppchen zum Bett und zog die Vorhänge zurück. Die Großmutter lag in den Kissen und sah so wunderlich aus.

„Großmutter, was hast du für große Ohren?" staunte Rotkäppchen.

„Daß ich dich besser hören kann!" brummte die Großmutter und sah Rotkäppchen so seltsam durch die Brille an, daß Rotkäppchen erschrak.

„Großmutter, was hast du für große Augen?"

„Daß ich dich besser sehen kann!"

Da starrte Rotkäppchen auf die großen Pfoten des Wolfes. „Großmutter, was hast du für große Hände?"

„Daß ich dich besser packen kann!"

Rotkäppchen sah plötzlich die weißen Eckzähne des Wolfes blinken und schrie: „Großmutter, was hast du für ein entsetzliches Maul?"

„Daß ich dich besser fressen kann!" Kaum hatte der Wolf das gesagt, sprang er mit einem Satz aus dem Bett und verschlang Rotkäppchen.

Weil nun der Wolf so übersatt war, legte er sich wieder ins Bett und begann gleich zu schnarchen. Das hörte ein Jäger, der gerade am Großmutterhaus vorbeikam, und wunderte sich, denn die Großmutter schnarchte sonst nie so gräßlich.

Ich muß doch mal sehen, was der alten Frau fehlt, dachte der Jäger. Und weil die Tür immer noch weit offenstand, ging er in die Stube und entdeckte den schnarchenden Wolf im Bett der Großmutter.

„Hier finde ich dich endlich, du Räuber", flüsterte der Jäger. Er wollte gerade die Flinte anlegen und den Wolf erschießen, da fiel ihm ein, der Wolf könnte ja die Großmutter gefressen haben. Vielleicht kann ich sie noch retten, dachte der Jäger.

Er nahm Großmutters spitze Schneiderschere und begann dem schlafenden Wolf den Bauch aufzuschneiden. Da sah er ein rotes Käppchen leuchten, und schon sprang das ganze Rotkäppchen aus dem Bauch heraus und rief: „Hu! Wie habe ich mich gefürchtet, denn es war so dunkel im Bauch des Wolfes!"

Gleich danach kroch auch die Großmutter wieder an das Licht des Tages und konnte kaum noch zu Atem kommen.

Dann holte Rotkäppchen die schweren Steine, die vor der Tür lagen, und packte sie in den Bauch des Wolfes. Und Großmutter nähte den Bauch wieder zu. Als der Wolf endlich aufwachte und davonlaufen wollte, weil er den Jäger sah, brach er unter der Last der Steine in seinem Bauch tot zusammen.

Nun feierten Großmutter, Rotkäppchen und der Jäger ein Fest mit Kuchen und Wein. Am nächsten Markttag verkaufte der Jäger den Wolfspelz, und jeder erfuhr diese seltsame Geschichte.

Das tapfere Schneiderlein

Ein Schneiderlein saß auf seinem Tisch und nähte. Da bekam es Hunger. Es säbelte sich eine große Scheibe vom Brot ab und bestrich sie dick mit leckerem Mus. Das Schneiderlein legte das Musbrot neben sich und nähte geschwind noch die angefangene Naht fertig.

Das süße duftende Mus aber zog die Fliegen an. Der Schneider nahm einen Lappen und schlug zu. Dann zählte er die getroffenen Fliegen. „Sieben auf einen Streich!" rief er, sich selbst bewundernd, aus. „Das sollen alle Leute erfahren!"

Der Schneider nähte sich einen Gürtel und stickte darauf: „Sieben auf einen Streich!" Nun wollte er in alle Welt hinausziehen und zeigen, was für ein Kerl er sei. Er ging noch einmal durchs Haus, um zu sehen, was mitzunehmen wäre. Aber er fand nur einen alten Käse, den er in die Tasche steckte, ebenso wie einen Vogel, der sich neben dem Zaun im Gebüsch verfangen hatte.

Nun marschierte das Schneiderlein los. Auf seinem Wege traf er einen Riesen. „Guten Tag, Kamerad!" sprach es. „Willst du dir auch die Welt besehen? Dann kannst du ja mit mir ziehen!"

Der Riese schaute verächtlich auf den kleinen Kerl hinab. Aber dann las er auf dem Gürtel: „Sieben auf einen Streich!" Er dachte, daß der Schneider sieben Leute besiegt hätte. „Na, dann", sprach er, nahm einen Stein in die Hand und drückte ihn, bis Wasser heraustropfte. „Mach's nach, wenn du so viel Kraft hast!" sagte er.

„Wenn es weiter nichts ist", prahlte das Schneiderlein, griff in die Tasche, holte den weichen Käse heraus und drückte, daß der Saft herauslief.

Der Riese war sprachlos. Dann hob er einen Stein und warf ihn hoch in die Luft. „Kannst du das auch?"

Das Schneiderlein lächelte. „Viel besser! Dein Stein ist wieder heruntergefallen. Du wirst sehen, meinen werfe ich so weit, daß er für immer in der Luft bleibt." Es griff in die Tasche und warf den Vogel hoch in die Luft. Der flog natürlich fort.

Der Riese war aber immer noch nicht zufrieden. „Wir wollen sehen, ob du auch etwas Ordentliches tragen kannst." Er riß einen mächtigen Eichenbaum aus und nahm ihn auf die Schulter.

„Ist gut", sagte das Schneiderlein. „Ich trage die Äste mit dem Gezweig. Sie sind sowieso am schwersten." Der Riese, der sich nicht umsehen konnte, trug den Stamm. Das Schneiderlein setzte sich auf einen Ast und pfiff lustige Liedlein.

Allmählich wurde dem Riesen die Schlepperei zuviel. Er warf den Baumstamm ab, und das Schneiderlein mußte fix springen. Sie wanderten, bis es Abend wurde.

„Wenn du so tapfer bist, dann komm mit in unsere Riesenhöhle!" sprach der ungleiche Kamerad des Schneiders.

„Warum nicht?" fragte das Schneiderlein.

Die Riesen schauten es von der Seite an. Einer zeigte ihm das Bett, in dem es schlafen sollte. Aber es war dem Schneiderlein viel zu groß. Darum rollte es sich am Fußende in eine Ecke. Um Mitternacht aber schlug einer der Riesen das Bett in der Mitte durch.

Sie dachten, der kleine Kerl sei tot. Wie wunderten sie sich, als sie ihn am nächsten Morgen im Walde trafen! Entsetzt und angstvoll rannten sie davon und waren nicht mehr gesehen.

Das Schneiderlein aber zog weiter, immer seiner spitzen Nase nach. So kam es in den Hof eines Königspalastes. Weil es aber so müde war, schlief es im Grase ein. Der Diener des Königs sah den Kleinen. Er las, was auf dem Gürtel stand, und wartete, bis das Schneiderlein erwachte. Dann führte er es zum König.

„Komm in meine Dienste!" sprach dieser und wies ihm eine

gute Wohnung an. Das neideten ihm seine Diener. Sie ließen den König wissen, daß sie ihn alle verlassen würden, wenn er den kleinen Kerl, der so stark sein sollte, behielte.

Da beschloß der König, dem Schneiderlein eine so schwere Aufgabe zu stellen, daß es sie nicht bewältigen könne. Er bat ihn, zwei bösartige Riesen, die in einem Walde seines Landes Schaden stifteten, zu töten. Wenn das geschehen wäre, wollte er dem stärksten Mann seines Reiches seine Tochter zur Frau geben.

Das Schneiderlein stimmte zu und ging in den Wald. Die zwei Riesen lagen unter einem Baum und schnarchten. Das Schneiderlein füllte sich beide Taschen mit Steinen und stieg damit auf einen Baum. Dann ließ es dem einen Riesen einen Stein nach dem anderen auf die Brust fallen.

Der Riese erwachte. „Was schlägst du mich?" fragte er. „Du träumst", sagte der andere. Sie legten sich wieder hin. Nun bewarf das Schneiderlein den zweiten Riesen. „Was soll das? Du bewirfst mich!" klagte er. Sie zankten ein Weilchen. Dann schliefen sie wieder ein.

Jetzt suchte das Schneiderlein einen Felsbrocken. Den warf es mit aller Gewalt einem der Riesen auf die Brust. „Das ist zu arg!" schrie der Getroffene, riß in seiner Wut einen Baum aus und schlug auf den anderen Riesen ein. Sie verwüsteten den Waldrand und gingen so lange aufeinander los, bis sie tot umfielen.

Das Schneiderlein lief fröhlich zum Königshof zurück, um seinen Erfolg zu melden. Dem König aber war sein Versprechen leid, und er dachte sich eine neue Aufgabe aus: „Im Wald ist ein Einhorn, das großen Schaden anrichtet. Fang es ein!"

„Kleinigkeit!" sprach das Schneiderlein, nahm einen Strick und eine Axt und zog los. Es brauchte nicht lange zu suchen, da

rannte das Einhorn schon heran. Geschickt sprang das Schneiderlein hinter einen Baum, und das wilde Tier rammte sein Horn in den Stamm. Der Schneider fesselte es, hieb das Horn aus dem Stamm und führte das Tier zum Hofe.

Der König war immer noch nicht zufrieden und hatte nun noch eine dritte Forderung: Der Schneider sollte ein Wildschwein fangen, vor dem sich selbst die Jäger fürchteten.

Kaum war der tapfere Held im Wald, lief das Tier auf ihn zu, um ihn auf die Erde zu werfen. Da flüchtete er in eine Waldkapelle, sprang aber zum oberen Fenster wieder hinaus. Dann rannte er, die Tür von außen zuzuschlagen, denn das Wildschwein war ihm ja brav hinterhergelaufen. So fing er das wütende Tier.

Nun mußte der König seine Tochter und das halbe Reich hergeben, und die Hochzeit wurde gefeiert.

Nach einiger Zeit hörte die junge Königin ihren Mann im Traum sprechen. Dabei bekam sie heraus, daß sie einen einfachen Schneider geheiratet hatte. Ihr Vater versprach ihr, den Mann in der nächsten Nacht zu fesseln und mit einem Schiff in die weite Welt zu schicken.

Aber ein Diener, der den jungen König mochte, verriet ihm den schrecklichen Plan. In der Nacht stellte sich das Schneiderlein schlafend. Aber als die Königin die Tür öffnete, fing es wieder zu reden an. „Ich habe vor nichts und niemandem Angst. Wer Riesen bezwingt, Einhorn und Wildschwein besiegt, sieben auf einen Streich erledigt, der wird auch mit denen fertig, die vor der Kammer lauern."

Da rannten alle Ungetreuen fort, und niemand wollte es jemals wieder versuchen, den jungen König von seinem Thron zu vertreiben.

Die Nixe im Teich

Es ist schon lange her, da klapperte am Fuße des Ginsterhügels eine Wassermühle. Der Bach rauschte Tag und Nacht über das Mühlrad, und die Mahlsteine drehten sich ohne Pause. Da fehlte es dem Müller nicht an Geld und Gut, und er lebte mit seiner Frau viele Jahre vergnügt und zufrieden.

Aber das Unglück kommt oft über Nacht, und am Ende besaß der Müller kaum noch seine Mühle. Die Sorgen ließen ihn nicht mehr schlafen, und so wanderte er eines Morgens schon vor Sonnenaufgang ruhelos über den Mühldamm.

Als der erste Sonnenstrahl den Weiher traf, erhob sich eine Nixe langsam aus dem Schilf. Sie war wunderschön, und trotzdem fürchtete sich der Müller. Da sagte die Nixe mit sanfter Stimme: „Vergiß deine Sorgen, ich will dich reicher und glücklicher machen als je zuvor! Du mußt mir dafür nur geben, was in deiner Mühle zuletzt geboren wurde!"

Der Müller dachte: Das sind die vier Kätzchen in der Mahlstube – und versprach, was die Nixe verlangte.

Schon auf dem Mühldamm lief ihm aber die Magd entgegen und rief: „Freut euch, eure Frau hat gerade einen Sohn geboren!" Der Müller stand vor Schreck wie angewurzelt und wußte nun, daß ihn die Nixe betrogen und nur sein Kind gewollt hatte.

Die Nixe hielt ihr Versprechen. Dem Müller gelang alles, was er unternahm, und sein Reichtum wuchs von Tag zu Tag. Aber die Müllersleute konnten nicht froh werden, denn sie liebten ihr Kind sehr und wußten doch, daß es die Nixe irgendwann holen würde. Sie nannten den Knaben Hannes und ließen ihn nie an den Weiher heran, so daß die Nixe ihn nicht in ihr nasses Reich holen konnte.

Die Jahre vergingen. Aus dem Knaben wurde ein gesunder, fröhlicher Bursche, und weil er den Wald mehr liebte als die Mühle, ging er zu einem Förster in die Lehre.

Als Hannes alles gelernt hatte, was man in diesem Beruf braucht, zog er in ein Haus mitten im Wald und heiratete das schönste Mädchen im Dorf, das hieß Anna. Sie lebten so glücklich miteinander, wie man es sich nur wünschen konnte.

Die Müllersleute hatten die Nixe schon beinahe vergessen. Der junge Förster aber ging auch jetzt nie in die Nähe des Teiches, so wie er es seinem Vater versprochen hatte.

Eines Tages lockte ihn ein seltsames Reh durch den ganzen Wald bis in die Nähe des Nixenteiches. Es flüchtete ins Schilf, und als der Jäger alle Vorsicht vergaß und ihm folgte, zog ihn die Nixe in die Tiefe.

Als Hannes am Abend nicht heimkehrte, lief Anna in den Wald und suchte ihn. Plötzlich fiel ihr ein, was Hannes einmal von der Nixe erzählt hatte, die ihn in ihr Wasserreich holen wollte.

Verzweifelt rannte Anna zum Weiher und fand am Ufer die Jagdtasche ihres Mannes. Da wußte sie, was geschehen war. Sie bat und flehte und jammerte, aber sie hörte nur das leise Kichern der Nixe. Fast besinnungslos vor Angst lief sie um den Teich herum und weinte, bis sie erschöpft ins Gras sank und einschlief.

Da träumte Anna einen seltsamen Traum: Sie stieg zwischen steilen Felsen auf einen Berg. Hinter dem Berg dehnte sich eine grüne Wiese – und mitten auf der Wiese stand eine Hütte. Als sie eintrat, begrüßte sie eine alte Frau mit weißen Haaren, die ihr freundlich zunickte.

In diesem Augenblick wachte Anna auf, und wie ein Zauber leitete sie der Traum zu dem felsigen Berg. Als sie ihn mühsam erstiegen hatte, sah sie das Hüttchen auf der grünen Wiese, und die alte Frau mit dem wehenden weißen Haar stand in der Tür und wußte schon von ihrem Kummer. Sie gab Anna einen goldenen Kamm. Damit sollte sie bei Vollmond am Weiher ihr Haar kämmen und dann den Kamm an das Ufer legen.

Als der Vollmond taghell auf den Weiher schien, setzte sich Anna an das Wasser, kämmte ihr Haar und legte dann den goldenen Kamm ins Gras. Da lief eine Welle aus dem Teich und nahm den Kamm mit. Für einen Augenblick konnte Anna ihren Hannes tief unten auf dem Grund des Weihers sehen.

Das brach ihr beinahe das Herz, und sie wanderte wieder über den steilen Berg zu der alten Frau, um ihren Rat zu erbitten. Diesmal gab die Alte ihr eine Flöte. Als der Mond wieder rund und voll über dem Weiher stand, flötete Anna ein trauriges Lied und legte die Flöte dann ins Gras.

Wieder lief eine Welle bis zur Flöte und zog sie in die Tiefe. Aber diesmal streckte Hannes beide Hände nach Anna aus, doch sie konnte seine Hände nicht fassen, denn das Bild erlosch nach sieben Augenblicken.

Anna weinte drei Tage und drei Nächte. Dann stieg sie wieder den felsigen Berg empor und bat die alte Frau noch einmal um Hilfe. Diesmal gab sie Anna ein goldenes Spinnrad. „Spinne bei Vollmond, bis die Spule den Faden nicht mehr halten kann. Dann wirf sie in den Weiher!"

So geschah es. Aber Anna stellte das Spinnrad weit vom Ufer entfernt in die Wiese. Da sprudelte der halbe Weiher bis zum Spinnrad. Wieder reckte sich Hannes aus den Wellen und streckte seine Arme aus. Und diesmal konnte Anna sie fassen und Hannes an das Ufer ziehen.

Kaum hatten beide festen Boden unter den Füßen, da liefen sie, so schnell sie konnten, über die Wiese davon.

Plötzlich gurgelte und sprudelte es hinter ihnen. Der ganze Weiher floß den beiden nach und versuchte sie einzufangen. Schon sahen sich die Fliehenden verloren, da erschien plötzlich die Alte vom Berg und verwandelte Anna in eine Kröte und Hannes in einen Frosch.

Da konnten die Wasserfluten den beiden nichts mehr anhaben und liefen in den Weiher zurück. Aber das Wasser hatte Anna und Hannes weit fortgespült. Kaum standen sie wieder auf festem Boden, bekamen sie ihre menschliche Gestalt zurück. Doch sie waren unter fremden Menschen, und einer fand den anderen nicht mehr. Sie mußten Schafe hüten, um ihr Leben zu fristen – viele Jahre lang.

An einem Maitag erblickte Hannes unten im Tal eine fremde Schafherde, die von einer Schäferin gehütet wurde. Und weil er

bis jetzt so einsam durch die Berge gezogen war, trieb er ihr seine Schafe entgegen. Beide fanden Gefallen aneinander und hüteten ihre Schafe von nun an gemeinsam.

Eines Abends blies Hannes ein trauriges Lied auf der Flöte. Da weinte die Schäferin und seufzte: „Das gleiche Lied habe ich auch einmal auf der Flöte geblasen, als ich am Nixenweiher meinen Liebsten sah."

Hannes blickte die Schäferin an – und es fiel ihm wie Schuppen von den Augen. Er erkannte seine geliebte Anna. Sie umarmten sich und weinten und lachten zugleich vor Glück, und sie trennten sich nicht mehr bis an das Ende ihrer Tage.

Schneeweißchen und Rosenrot

Am Waldrand stand einmal ein Hüttchen, und vor dem Hüttchen wuchsen zwei Rosenbäumchen. Das eine blühte weiß, das andere rot. In dem Hüttchen wohnte eine arme Witwe mit ihren beiden Töchtern. Die glichen den beiden Rosenbäumchen vor dem Fenster und hießen deshalb Schneeweißchen und Rosenrot.

Alle drei lebten so gut zusammen, wie man sich nur wünschen konnte. Schneeweißchen und Rosenrot sammelten oft Beeren und Pilze im Wald. Begegnete ihnen ein Hase, fraß er den Schwestern ein Kohlblatt aus der Hand. Setzten sich Schneeweißchen und Rosenrot mittags in den Schatten, legten sich die Rehe zu ihnen ins Moos. Selbst der Hirsch begleitete sie ein Stück des Weges, und die Buchfinken flogen ihnen auf die Schultern und zwitscherten.

An einem Winterabend, als der Schneesturm um das Hüttchen heulte und es Stein und Bein fror, saßen die Mädchen mit der Mutter am Herd und erzählten vom Sommer.

Da klopfte es. "Es wird ein Wanderer sein, der sich im Wald verirrt hat", sagte Rosenrot und öffnete die Tür. Ein großer brauner Bär drängte sich gleich in die Stube und schüttelte den Schnee aus dem Pelz.

Schneeweißchen und Rosenrot versteckten sich ängstlich hinter der Mutter. Der Bär aber redete mit menschlicher Stimme: "Fürchtet euch nicht. Ich will mich nur ein wenig an eurem Herd wärmen, denn ich bin beinahe erfroren!"

Schneeweißchen faßte Zutrauen zu dem Bären und legte ihm die Hand auf seine gewaltige Tatze. "Du armer Bär, leg dich nahe ans Feuer, aber paß auf, daß du dir nicht deinen Pelz verbrennst!"

Der Winter wurde härter von Tag zu Tag, und der Bär blieb in dem Hüttchen. Er streckte sich vor dem warmen Herd und brummte behaglich, und Schneeweißchen und Rosenrot spielten mit ihm wie mit einem Kätzchen.

Doch als die Frühlingssonne Schnee und Eis taute, wurde der Bär unruhig. „Ich muß jetzt in den Wald zurück und meine Schätze hüten!" brummte er und nahm Abschied von Schneeweißchen und Rosenrot.

Schneeweißchen legte dem Bären den Arm um den Hals, und die Tränen liefen ihr aus den Augen. Da tappte der Bär durch die Tür, und ein kleines Stück Fell blieb an einem Nagel hängen. Schneeweißchen war es so, als würde es unter dem Fell wie Gold schimmern.

Die beiden Mädchen winkten dem Bären nach, bis er zwischen den Waldbäumen verschwunden war.

Der Frühling blühte schon in voller Pracht, da schickte die Mutter eines Tages Schneeweißchen und Rosenrot in den Wald, um Reisig zu sammeln. An der Waldwiese hatte der Sturm eine Eiche gefällt. An ihrem Stamm sprang etwas mit einem langen weißen Bart auf und ab.

Als die Mädchen neugierig näher kamen, erkannten sie einen Zwerg. Sein Bart hatte sich in einer Spalte der gestürzten Eiche verklemmt. Nun zerrte das Männlein daran herum, als wäre es ein Hund an einer Leine.

„Dumme Gänse, was starrt ihr mich an? Helft mir lieber! Ich wollte den Stamm spalten, um mir eine Suppe zu kochen!" schimpfte der Zwerg erbost. Die beiden Mädchen mühten sich, den Bart zu befreien, aber der klemmte fest. Da holte Schneeweißchen eine Schere aus der Tasche und schnitt das eingeklemmte Bartende ab.

„Ihr Schafsköpfe! Ungehobeltes Volk!" kreischte der Zwerg böse und warf einen Sack, der mit Goldstücken vollgestopft war, auf den Rücken. „Lohn es euch der Kuckuck!" schrie er, drohte mit der Faust und verschwand.

Kaum waren drei Tage vergangen, trafen Schneeweißchen und Rosenrot wieder mit dem bösen Zwerg zusammen. Er hüpfte wie eine Heuschrecke am Bachufer entlang und

versuchte, sich an Binsen und Halmen festzuhalten. Sein langer weißer Bart hatte sich mit seiner Angelschnur verheddert. Nun versuchte ein gewaltiger Hecht, der den Angelhaken geschluckt hatte, die Schnur samt dem Zwerg ins Wasser zu ziehen.

Rosenrot konnte das zappelnde Männlein erst im allerletzten Augenblick festhalten, und Schneeweißchen schnitt mit ihrer Schere das verhedderte Bartende ab.

Da tobte der Zwerg wie von Sinnen: „Ihr widerlichen Kröten, ihr habt mir die Zierde meines Gesichtes verstümmelt!" Und ohne sich für seine Rettung zu bedanken, schulterte er einen Sack voller Perlen und verschwand schimpfend zwischen den Weidenbüschen.

Die Zeit verging. Schneeweißchen und Rosenrot hatten den bösen Zwerg beinahe schon vergessen, aber sie sollten ihm noch einmal begegnen.

An einem Sommertag schickte die Mutter die Mädchen in die Stadt, um Zwirn, Nadeln und Bänder einzukaufen. Der Weg führte durch die Heide. Ginster und Erika wuchsen zwischen mächtigen Steinen. Da sahen die Mädchen einen Adler, der hoch über ihren Köpfen schwebte. Er kreiste immer tiefer und schoß plötzlich auf eine Beute zwischen den Steinen herab.

Einen Herzschlag später schrie jemand so jämmerlich, als ginge es um sein Leben. Die Mädchen liefen um den Stein herum und sahen mit Schrecken, daß der Adler den Zwerg gepackt hatte und ihn forttragen wollte. Schneeweißchen und Rosenrot zerrten an dem Männlein und wehrten die Schnabelhiebe des Adlers ab. Endlich zerriß das Wams des Zwerges, und das Männlein stolperte ins Gras. Der Adler schwang sich hoch in die Luft und flog davon.

Noch ehe sich die Mädchen besannen, schimpfte der Zwerg und stieß mit Armen und Beinen nach ihnen. „Ihr ungehobelten Gören, täppisches Gesindel, jetzt habt ihr meinen Rock zerrissen!" Er schlüpfte unter einen Stein und zerrte einen Sack hervor. Der war mit glitzernden Edelsteinen gefüllt. Die Mädchen kannten seinen Undank schon und wanderten weiter durch die Heide, der Stadt entgegen.

Auf dem Heimweg überraschten sie den Zwerg, wie er gerade zwischen den Ginsterbüschen seine Edelsteine putzte. Sie glänzten in der Abendsonne wie feurige Kohlen. Schneeweißchen und Rosenrot blieben stehen und staunten.

Wieder begann der böse Zwerg zu keifen: „Was haltet ihr Maulaffen feil?" Sein faltiges Gesicht wurde kirschrot vor Zorn, und er schleuderte Sand und Gras nach den erschrockenen Mädchen.

Plötzlich brummte ein Bär hinter den Steinen. Und ehe der Zwerg seine leuchtenden Edelsteine zusammenraffen konnte, stand der Bär schon neben ihm. Da begann der Zwerg zu jammern: „Lieber Herr Bär, verschont mich! Ich bin ja nur ein Häppchen zwischen Euren Zähnen. Freßt lieber die Mädchen da, die sind zart wie junge Wachteln!"

Der Bär tatzte mit seiner gewaltigen Pranke den Zwerg hinter den Stein. Die Mädchen aber liefen um ihr Leben.

Da richtete sich der Bär auf und rief ihnen nach: „Schneeweißchen und Rosenrot, fürchtet euch nicht!" Die beiden erkannten die Stimme des Bären, der den ganzen Winter über bei ihnen gewohnt hatte. Als sie sich zu ihm umdrehten, warf der Bär seine Bärenhaut ab – und vor ihnen stand ein Königssohn, in Samt und Seide gekleidet. „Ich war von dem bösen Zwerg verwünscht, weil er meine Schätze besitzen wollte. Jetzt bin ich erlöst!"

Und es kam, wie es im Märchen immer geschieht: Schneeweißchen heiratete den Prinzen. Und Rosenrot? Die nahm der Bruder des Prinzen zur Frau, und alle lebten zusammen in einem Schloß, glücklich bis an ihr Lebensende.

Der gestiefelte Kater

Ein alter Müller hatte drei Söhne, seine Mühle, einen Esel und einen Kater. Die Söhne mußten mahlen, der Esel mußte Getreide holen und der Kater die Mäuse wegfangen.

Als der Müller starb, teilten die Söhne untereinander auf, was da war. Der älteste bekam die Mühle, der mittlere den Esel. Für den jüngsten aber blieb nur der Kater. Da war er etwas traurig und sprach: „Wo soll ich nur das Geld hernehmen, um mich und den Kater zu ernähren? Nun gut, dann werde ich mir wenigstens ein paar Fellhandschuhe aus ihm machen lassen."

„Hör", sagte der Kater, der alles verstanden hatte. „Du brauchst mich nicht zu töten wegen ein paar schlechter Fellhandschuhe. Laß mir ein paar Stiefel nähen. Dann will ich für dich sorgen."

Da gerade der Schuster vorbeiging, rief der Müllerssohn ihn herein und ließ dem Kater Stiefel machen.

Der gestiefelte Kater nahm einen Sack, füllte den Boden mit Korn und befestigte oben eine lange Schnur zum Zuziehen. Den Sack warf er über die Schulter und ging wie ein Mensch hinaus.

Damals regierte ein König im Land, der aß sehr gern Rebhühner. Aber er bekam sie nur selten, denn die Tiere waren so scheu, daß keiner sie fangen konnte.

Der Kater ging in den Wald, breitete seinen Sack aus, nahm die lange Schnur und versteckte sich im Gebüsch. Die Rebhühner kamen gelaufen, und eins nach dem anderen kroch in den Sack, um vom Korn zu fressen. Als eine gute Anzahl darin war, zog der Kater den Strick zu. Dann warf er den Sack über die Schulter und ging zum König.

Die Wache wollte ihn zuerst nicht durchlassen. „Was soll ein Kater beim König?" fragte einer. Aber der andere antwortete: „Laß nur. Vielleicht heitert er den König auf."

So kam also der gestiefelte Kater zum König. Er verbeugte sich und sprach: „Mein Herr Graf" – so nannte er den Müllerssohn – „hat diese Rebhühner für Euch gefangen und schickt sie mit einem Gruß." Der König war überglücklich und befahl seinen Dienern, dem Kater so viel Gold in den Sack zu tun, wie er tragen könne.

Der arme Müllerssohn schaute gerade betrübt aus dem Fenster, als er den Kater mit dem schweren Sack kommen sah. „Das ist für die Stiefel!" rief der Kater. „Der König läßt dich grüßen und dir vielmals Dank sagen." Er schüttete alles Gold auf den Tisch und erzählte, was er erlebt hatte.

Dann sagte er: „Du hast zwar jetzt Gold genug, aber dabei wird es nicht bleiben. Morgen zieh' ich meine Stiefel wieder an. Du sollst noch reicher werden. Dem König habe ich gesagt, daß du ein Graf bist."

Tag für Tag ging nun der Kater beim König ein und aus, brachte Rebhühner und bekam Gold und durfte überall im Schloß umherstreichen. Dabei hörte er, daß der König eine schöne Tochter hatte, die gern im See badete.

Nun brachte er den Müllerssohn dazu, mit ihm zum See zu gehen und dort ein Bad zu nehmen. Er wußte, gleich würde der König vorbeikommen. Der Müllerssohn stieg in den See, und während er badete, nahm der Kater seine Kleider fort und versteckte sie.

Da kam die Königskutsche gefahren. Der Kater fing sogleich an zu lamentieren: „Meinem Herrn sind die Kleider gestohlen worden. Was machen wir nur?" Der König ließ sogleich neue Kleider holen, und weil er ja glaubte, dem Herrn Grafen dankbar sein zu müssen wegen der Rebhühner, lud er ihn in seine Kutsche ein. Die Prinzessin fand auch Gefallen an dem hübschen jungen Müllerssohn.

Der Kater aber eilte der Kutsche weit voraus. Er kam an eine Wiese, wo über hundert Leute standen und Heu machten.

„Wem gehört die Wiese?" fragte er.

„Dem großen Zauberer."

„Von heute an nicht mehr!" sagte der Kater. „Gleich kommt der König vorbei. Wenn er fragt, wem alles gehört, so antwortet: Dem Grafen! Tut ihr es nicht, wird es euch bös' ergehen."

Der Kater eilte weiter und kam zu einem Kornfeld, das ebenfalls dem Zauberer gehörte. Auch den Schnittern, die hier arbeiteten, befahl der Kater, dem König zu sagen, daß dieses Korn dem Herrn Grafen gehöre.

Bei einem Waldstück geschah das gleiche. Hier standen etwa dreihundert Leute, die Bäume fällen sollten. Weil der Kater wie ein Mensch aussah, fürchteten sie ihn und taten, was er sagte.

Dann lief der gestiefelte Kater zum Schloß des Zauberers. Er trat keck ein und unterhielt sich mit dem großen Meister.

„Ich habe gehört, du kannst dich in jedes Tier verwandeln, das es auf der schönen Erde gibt. Ich glaube sicher, daß du dich in einen Fuchs oder Hund oder sogar Wolf verwandeln kannst. Aber ich glaube nicht, daß du es auch schaffst, ein Elefant zu sein. Deshalb bin ich gekommen, um es selbst zu sehen."

Der Zauberer sagte stolz: „Das ist mir eine Kleinigkeit", und war im Augenblick ein Riesenelefant.

„Großartig!" lobte der Kater. „Und was ist mit einem Löwen?" Ehe er noch ausgesprochen hatte, stand ein Löwe vor ihm.

Der Kater tat über alle Maßen erstaunt. „Na ja, das sind sehr große Tiere", sagte er bewundernd. „Aber für mich wärst du der Größte, könntest du dich auch in ein ganz kleines Tier verwandeln, zum Beispiel in eine Maus."

Der Zauberer war von dem Kater so begeistert, daß er ihm auch diesen Wunsch erfüllte. Da sprang der Kater auf die Maus und verschlang sie.

Der König aber war inzwischen mit dem Müllerssohn und der Prinzessin weiter spazierengefahren. An der Wiese hörte er von den Leuten, die dort mähten, daß alles dem Herrn Grafen gehöre. Beim Kornfeld erfuhr er das gleiche und ebenso bei den Baumfällern am Wald. „Sehr gut!" lobte der König. „Ich glaube nicht, daß ich so einen wundervollen Wald besitze."

Schließlich kamen sie auch an das Schloß des Zauberers. Oben auf der Treppe stand der Kater. Als der Wagen unten hielt, sprang er hinzu, öffnete die Tür und empfing den König und die Prinzessin mit den Worten: „Willkommen im Schloß des Grafen!"

Es war ein wunderschönes Schloß, und es gefiel dem König und noch mehr der Prinzessin. So wurde bald die Hochzeit gefeiert. Und als der König starb, wurde der Müllerssohn sein Nachfolger. Der Kater aber war der oberste Minister.

Sechse kommen durch die Welt

Es war einmal ein Mann, der verstand allerlei Künste. Er hatte oft sein Leben für den König eingesetzt. Aber als seine Haare grau wurden, gab ihm der König drei Pfennige und ließ ihn davonjagen. Da war sein Herz voll von Zorn, und er beschloß, es dem König heimzuzahlen. Er lief in den Wald und achtete nicht auf Weg noch Steg.

An einem Hohlweg begegnete er einem Burschen, der hatte sechs Bäume ausgerissen, als wären es Grashalme. „Willst du mein Geselle sein?" fragte der Mann. „Wir beide kommen zusammen bestimmt durch die ganze Welt!"

Den Burschen lockte die weite Welt, und er war einverstanden. „Ich will vorher nur das Bündelchen Brennholz zu meiner Mutter tragen!" brummte er, band den sechsten Baum um die fünf anderen herum und schulterte alle. Nach elf Augenblicken war er wieder da.

Kaum waren die beiden über den ersten Hügel gewandert, kniete da ein Jäger im Moos und hielt sein Gewehr im Anschlag. Darüber wunderten sich die beiden sehr, denn es war kein Wild zu sehen.

„Ich ziele auf die Fliege, die auf dem Zifferblatt der Kirchturmuhr sitzt!" sagte der Jäger. Der Kirchturm aber war zwei Meilen entfernt.

Da lachte der alte Mann: „Wenn wir drei Kerle zusammenhalten, kommen wir durch die ganze Welt!" Dem Jäger war es recht, und er wanderte mit.

Sie nahmen fröhlich den Weg unter die Beine und erreichten zur Mittagsstunde den nächsten Hügel. Auf ihm drehte eine Windmühle so schnell ihre Flügel, daß man sie mit den Augen kaum verfolgen konnte. Aber es wehte kein Lüftchen.

Die drei wanderten vier Meilen ins Land, da fanden sie einen Kerl im Baum sitzen, der hielt sich ein Nasenloch zu, und durch das andere blies er die Windmühle an.

Da fragte ihn der alte Mann: „Willst du nicht unser Kumpel sein? Denn wir vier kommen gewiß durch die ganze Welt!" Dem Bläser gefiel das, und er wanderte mit.

Gleich um die Ecke trafen sie einen, der hatte sein rechtes Bein abgeschnallt und neben sich ins Gras gelegt. „Was soll das?" fragten die vier verwundert.

„Wenn ich das Bein wieder anschnalle, laufe ich schneller als der Wind!" antwortete der auf dem einen Bein.

„Dann sollst du der Fünfte in unserem Bunde sein, denn fünfe kommen leichter durch die ganze Welt!" sagte der erste. Der Läufer fand Gefallen an der Gesellschaft und wanderte mit.

Am Abend trafen sie einen Burschen, der hatte sein Hütchen über das linke Ohr gestülpt. Der Bläser hielt immer auf Ordnung und sagte: „Wie sieht das aus? Setz deinen Hut vernünftig auf!"

„Das darf ich nicht!" antwortete der Bursche mit dem Hütchen. „Setze ich es gerade, friert es gleich Stein und Bein, und die Vögel fallen erstarrt vom Himmel!"

Der Grauhaarige schlug dem Burschen auf die Schulter. „Du sollst der Sechste sein, der mit uns durch die Welt zieht."

Am nächsten Morgen kamen die Sechse in die Stadt des hartherzigen Königs zurück. Der ließ gerade verkünden: „Wer mit meiner Tochter um die Wette läuft und gewinnt, soll sie zur Frau haben. Aber wer verliert, verliert auch Gut und Leben!"

Da meldete sich der Grauhaarige beim König. „Ich lasse einen anderen für mich laufen, aber die Wette gilt trotzdem – wenn er gewinnt, bekomme ich die Tochter zur Frau!" Leichtfertig stimmte der König zu, denn er konnte sich nicht vorstellen, daß seine Tochter den Wettlauf verlieren werde.

Vor der Stadt wurde die Strecke abgesteckt. Die Prinzessin und der Läufer standen am Start. Jeder bekam einen Krug und mußte Wasser aus einem fernen Brunnen holen. Die Prinzessin lief schnell wie ein Hase, aber als der Läufer sein rechtes Bein angeschnallt hatte, zischte er wie ein Wind an ihr vorbei. Im Handumdrehen füllte er seinen Krug mit Wasser.

Auf dem Rückweg wurde der Läufer müde und dachte: Ich werde ein kurzes Schläfchen halten. Er legte sich ein Stück hartes Holz unter den Kopf, damit er nicht zu lange schlief. Nach einiger Zeit lief die Prinzessin vorbei. Sie sah den Läufer schlafen und stieß seinen Wasserkrug um.

Der Jäger saß auf einem Baum und hielt Ausschau. Er entdeckte, daß die Prinzessin schon auf dem Heimweg war. Der Läufer aber schlief noch immer. Da riß der Jäger seine Flinte an die Wange, zielte und schoß das Holz unter dem Kopf des Läufers weg. Verdutzt wachte der Läufer auf, sah den leeren Krug, flitzte zum Brunnen zurück – und gewann doch noch den Wettlauf.

Den König kränkte es, daß ein Drei-Pfennige-Mann seine Tochter heiraten sollte – und die Tochter kränkte es noch viel mehr. Da fiel dem König eine grausame List ein. Er lud die sechs Kerle zu einer Festtafel ein. Die aber war in einem Zimmer mit einem eisernen Fußboden, mit eisernen Türen und vergitterten Fenstern gedeckt.

Als die sechs fröhlich schmausten und tranken, verschloß der König alle Türen. Der Koch mußte ein gewaltiges Feuer unter dem Saal entfachen. Da wurde es so heiß, daß das Schmalz aus dem Gänsebraten tropfte.

Schnell rückte der Bursche sein Hütchen gerade, und im Nu gefror alles zu Eis – selbst der Wein in den Flaschen. Und als der König nach sechs Stunden die Türen öffnen ließ, stürzten die Sechse heraus und zitterten vor Kälte.

Der König erstickte beinahe an seinem Zorn. Dann aber schlug er dem Grauhaarigen vor, er solle so viel Gold haben, wie er davontragen könne. Dafür müsse er aber auf die Prinzessin verzichten. Der Mann bat sich acht Tage aus, dann wollte er kommen und das Gold holen.

Inzwischen mußten hundert Schneider einen riesigen Sack nähen, den trug der Starke auf den Schloßhof. Der König ließ eine Tonne Gold herankarren. Der Starke steckte das Gold in den Sack und sagte: „Der Boden ist ja kaum bedeckt!"

Der König ließ seine Schatzkammer öffnen und seufzte tief. Da paßten alle Schätze in den Sack – und der war noch nicht einmal zur Hälfte gefüllt. Schließlich brachten hundert Ochsenwagen Gold und Edelsteine aus dem ganzen Land zusammen.

Der Starke sah die goldenen Lasten geringschätzig an und steckte alles samt Ochsen und Wagen in den Sack. Dann band er ihn endlich zu und trug ihn auf der Schulter davon.

Dem König schnürte die Wut den Hals zu. Er ließ seine Reiter aufsitzen, die sollten die sechs Gesellen fangen. Als sie heranritten, stellte sich ihnen der Bläser in den Weg. Er hielt sich ein Nasenloch zu und blies durch das andere. Da wirbelten Reiter und Pferde durch die Luft bis zu den Wolken. Wer weiß, wo sie landeten!

Als der König davon erfuhr, seufzte er: „Laßt bloß diese sechs Kerle ziehen! Sie haben etwas an sich, gegen das kein Kraut gewachsen ist!" Die Sechse aber teilten die Beute redlich und lebten zusammen vergnügt bis an ihr Lebensende.

Die Hasenbraut

Es war einmal eine Frau, die hatte eine neugierige Tochter. Sie lebten beide in einem kleinen Haus am Rande des Dorfes. Um das Haus herum hatte die Frau einen Kohlgarten gepflanzt. Da wuchs jeder Kohlkopf, daß es eine Freude war. Und immer kochte Kohl im Topf – auch im Winter.

Eines Morgens, als die Frau aus dem Fenster sah, hockte ein Hase mitten im Grünkohl und fraß die Blätter bis auf den Strunk. „Geh in den Garten und scheuche den Hasen aus dem Kohl!" sagte die Frau zu ihrer Tochter.

Das Mädchen lief auch gleich in den Garten und klatschte in die Hände. Aber der Hase stellte sich auf seine Hinterbeine und putzte sich den Bart. „Setz dich auf mein Hasenschwänzchen, dann will ich dich in mein Hasenhüttchen bringen!"

Das Mädchen aber nahm ein Holzscheit und warf es nach dem Hasen. Da sprang er über den Zaun und war verschwunden.

Am nächsten Morgen blickte die Mutter wieder aus dem Fenster. Da saß der Hase im Rosenkohl und kaute mit beiden Backen. Das Mädchen mußte gleich in den Kohlgarten laufen, um den Hasen zu vertreiben. Es brach eine Rute und schlug damit dem Hasen zwischen die Ohren. Aber der Hase putzte sich sein Bärtchen und lächelte: „Setz dich auf mein Hasenschwänzchen, dann will ich dich in mein Hasenhüttchen tragen. Dort wollen wir beide Polka tanzen."

Das Mädchen schüttelte den Kopf, und der Hase sprang ins Feld. Das neugierige Mädchen aber flüsterte: „Wie mag es in einem Hasenhüttchen zugehen – und wer spielt die Musik zur Hasenpolka?"

Die ganze Nacht warf es sich von einer Seite auf die andere und konnte vor Neugierde nicht einschlafen. Immer wieder dachte es: Vielleicht ist der Hase ein verzauberter Prinz, und wenn ich nicht mit ihm ins Hasenhüttchen gehe, verpasse ich am Ende mein Glück.

Als der Hase am dritten Morgen erneut im Kohlgarten vom Grünkohl fraß, lief das Mädchen zu ihm und setzte sich auf sein Hasenschwänzchen. Schnell wie der Wind lief der Hase mit dem Mädchen in sein Hasenhüttchen. Da war alles wie in einem Menschenhaus, sogar ein Herd stand hinter der Tür.

„Nun koche Grünkohl und Hirse!" sagte der Hase und drückte dem Mädchen einen hölzernen Kochlöffel in die Hand. „Ich will inzwischen die Hochzeitsgäste laden und die Krähe bitten, der Pastor zu sein. Denn wenn der Grünkohl weich gekocht ist, werden wir beide Hochzeit feiern."

Der Hase rannte kreuz und quer durch Wald und Feld und lud alle zum Hochzeitsfest ein, die er traf – hundert Hasen und Mäuse, die Wildschweine und sogar die Nachteulen. Der Fuchs sollte die Glocken läuten, und vom Igel wollte er sich den Zylinder leihen.

Das Mädchen kochte Grünkohl und Hirsebrei, aber dabei seufzte es: „Soll ich mein Leben lang nur mit Hasen und Nachteulen hausen und keines Menschen Stimme mehr hören?" Da tropften bald ihre Tränen in den Grünkohl.

Vor der Tür des Hasenhüttchens aber warteten schon die wilden Enten und Gänse, denn die wollten alles genau sehen, damit sie darüber bis zum nächsten Herbst etwas zu schwatzen hatten.

Da bereute das Mädchen seine Neugierde und sehnte sich in das Haus mitten im Kohlgarten zurück. Es flocht eine Puppe aus Stroh, zog dem Balg seine Kleider an und band ihm das Kopftuch um. Dann stellte das Mädchen die Puppe an den Herd und drückte ihr den hölzernen Kochlöffel in die Hand. Heimlich schlüpfte es durch das hintere Fenster hinaus und lief schnurstracks nach Hause.

Inzwischen hatten sich alle Hochzeitsgäste vor dem Hasenhüttchen versammelt und klapperten ungeduldig mit Tellern und Bechern. Da schloß der Hase die Tür auf. Der Grünkohl war angebrannt, der Hirsebrei quoll über den Topfrand.

Darüber wurde der Hase so zornig, daß er der Gestalt am Herd eine Rübe an den Kopf warf. Da kippte die Strohpuppe um und verlor das Kopftuch. Der Hase stand starr wie angewurzelt, aber die Hochzeitsgäste draußen vor der Tür stießen sich an und lachten den Hasen aus.

Als der Hase am nächsten Morgen wieder im Kohlgarten auf das Mädchen wartete, rief es ihm aus dem Fenster zu: „Ich will keine Hasenbraut mehr sein! Heirate meinetwegen die Nachteule!"

Im Frühling hörte man um das Hasenhüttchen herum eine seltsame Musik, als würde dort Hochzeit gefeiert werden. Rumtata! Rumtata! Rumtata! Da lief das Mädchen durch den Kohlgarten bis zur Wiese und flüsterte: „Ob der Hase heiratet – und wer ist seine Braut?"

Neugierde kann man eben nicht mit einer Rübe erschlagen!

Der Froschkönig

In alten Zeiten, als das Wünschen noch half, lebte ein König, der hatte sieben Töchter. Alle waren sehr schön, aber die jüngste war so schön, daß selbst die Sonne staunte, wenn sie ihr in das Gesicht schien.

Nahe am Schloß wuchs ein dunkler Wald. Am Rande des Waldes stand eine alte Linde, und in ihrem Schatten war ein tiefer Brunnen. Im Sommer spielte die jüngste Prinzessin hier oft mit einer goldenen Kugel. Sie liebte diese Kugel sehr und legte sie niemals aus der Hand.

Als die Prinzessin an einem heißen Sommertag auf dem Brunnenrand saß, warf sie ihre goldene Kugel in die Luft und wollte sie wieder fangen. Aber die Kugel plumpste in den Brunnen. Die Prinzessin beugte sich tief über das Wasser, doch die goldene Kugel war längst auf den Grund gesunken.

Da begann die Königstochter so bitterlich zu weinen, daß die Vögel in den Bäumen ringsum verstummten. Und die Tränen tropften in den Brunnen, als würde es regnen.

Da rief jemand: „Königstochter jüngste, warum weinst du, daß einem das Herz zerbrechen könnte?"

Die Prinzessin sah sich verwundert um. Aber da war niemand außer einem dicken grünen Frosch, der seinen häßlichen breiten Kopf aus dem Wasser reckte. „Meine goldene Kugel ist mir in den Brunnen gefallen!" schluchzte die Prinzessin.

„Was gibst du mir, wenn ich dir dein goldenes Spielzeug aus der Tiefe hole?" fragte der Frosch.

Die Prinzessin wischte sich die Tränen aus den Wimpern und lächelte wieder: „Meine schönsten Kleider und meine schimmernden Edelsteine!"

Der Frosch schüttelte so unwillig seinen Kopf, daß es spritzte. „Was soll ich mit seidenen Fetzen und Glitzerkram? Ich will mit dir am Tisch sitzen, von deinem goldenen Tellerchen essen, aus deinem Becherchen trinken und in deinem seidenen Bettchen schlafen!"

Da dachte die Prinzessin: Wenn er erst meine goldene Kugel aus der Tiefe geholt hat, laufe ich davon; denn der grüne Wasserpatscher ist viel zu ungeschickt, um mich einzuholen. Und sie versprach dem Frosch alles.

Nach sieben Herzschlägen schon kam der Frosch wieder aus der Tiefe heraufgerudert und warf die goldene Kugel über den Brunnenrand. Die Prinzessin fing die Kugel auf und rannte davon, ohne sich ein einziges Mal umzusehen. Da rief ihr der Frosch nach: „Warte auf mich, Königstochter! Du hast es mir versprochen!" Doch die Prinzessin hörte nicht darauf und lief ins Schloß zurück.

Am nächsten Abend, als der König mit allen sieben Töchtern und dem ganzen Hofstaat an der Tafel saß, patschte jemand die Schloßtreppe hinauf – pitsch, patsch, pitsch, patsch! Und dann klopfte es an die Tür. „Königstochter jüngste, laß mich ein!"

Da öffnete die Prinzessin die Tür einen Spaltbreit und sah neugierig hinaus. Dort aber hockte der dicke grüne Frosch aus dem Brunnen!

Die Prinzessin schlug die Tür gleich wieder so heftig zu, daß die Teller auf der Tafel klapperten. Sie zog ein Gesicht, als stünde draußen ein Ungeheuer.

Da klopfte es wieder, doch nun viel lauter. Die Prinzessin hielt sich die Ohren zu. Der König aber lachte und fragte: „Töchterchen, steht da draußen etwa ein Riese, der mit dir tanzen will?"

Die Prinzessin schüttelte den Kopf. „Vor der Tür sitzt nur ein dicker grüner Wasserpatscher!" Doch als der Klopfer keine Ruhe gab, mußte die Prinzessin schließlich alles erzählen.

„Was du versprochen hast, mein Kind, mußt du auch halten, ganz gleich, wer draußen vor der Tür steht!" entschied der König.

Widerwillig stand die Prinzessin auf und ging zur Tür. Die war kaum um eine Handbreit geöffnet, da drängte sich der Frosch schon in den Saal und patschte der Prinzessin mit großen Sprüngen nach bis zu ihrem Stuhl. „Heb mich hinauf!" quakte er. Die Prinzessin faßte den nassen Frosch nur mit zwei Fingern und hob ihn auf den Stuhl.

Kaum saß der Frosch darauf, forderte er ungeduldig: „Setz mich auf den Tisch und schieb mir dein goldenes Tellerchen zu!"

Die Prinzessin sah verzweifelt ihren Vater an, aber der König befahl ihr, die Speisen mit dem Frosch zu teilen. Die Prinzessin

bekam keinen Bissen mehr hinunter, aber der Frosch verschlang alles, was ihm vor seine grünen Froschfinger kam.

Als der Frosch auch noch aus dem goldenen Becherchen der Prinzessin getrunken hatte, gähnte er und quakte satt: „Königstochter jüngste, jetzt habe ich gegessen und getrunken, nun will ich in deinem seidenen Bettchen schlafen. Trage mich die Treppe hinauf!"

Die Prinzessin weinte bitterlich, als sie das hörte, denn sie mochte den nassen, kalten Frosch nicht in die Hand nehmen. Aber der König blieb unerbittlich und erinnerte seine Tochter noch einmal an ihr Versprechen: „Wer dir in der Not geholfen hat, den sollst du nachher nicht verachten!"

Nun blieb der Königstochter kein Ausweg mehr. Sie raffte ihr seidenes Röckchen, legte den grünen Frosch hinein und trug ihn in ihre Schlafkammer.

„Königstochter jüngste, streiche mir deine seidenen Decken glatt und klopfe die Kissen auf, sonst sage ich es deinem Vater!" quengelte der Frosch.

Als die Prinzessin den grünen Frosch breit auf ihrem Kissen liegen sah, wurde sie so zornig, daß sie ihn packte und an die Wand warf. „Nun wirst du wohl endlich Ruhe geben, du garstiger Frosch!"

Doch als der Frosch herabfiel, geschah etwas Unglaubliches: Kaum hatte er den Boden berührt, erhob sich ein schöner Prinz vor der jüngsten Prinzessin und lächelte ihr mit freundlichen Augen zu. Der Prinzessin verschlug es die Sprache, und sie stand wie angewurzelt.

Da faßte der Prinz ihre Hand und erzählte ihr, daß eine böse Hexe ihn in den gräßlichen Frosch verzaubert hatte. Und die jüngste Prinzessin hatte ihn von diesem Elend erlöst.

Das war eine Freude im ganzen Schloß, und es wurde eine fröhliche Hochzeit gefeiert, die dauerte eine ganze Woche.

Am Morgen danach fuhr eine goldene Kutsche auf den Hof, die von acht prächtigen weißen Pferden gezogen wurde. Die Prinzessin stieg ein, und der Prinz fuhr mit ihr in das Reich seines Vaters.

Hinten auf dem Wagen stand der treue Heinrich, der alte Diener des Prinzen. Als sie ein Stück des Weges gefahren waren, krachte es so laut, als wäre ein Wagenrad gebrochen. „Heinrich, der Wagen bricht!" rief der Prinz erschrocken.

Aber der treue Heinrich schüttelte den Kopf. „Nein, Herr, der Wagen nicht! Das eiserne Band ist zersprungen, das vor Trauer um mein Herz lag, als Ihr ein Frosch gewesen seid im tiefen, tiefen Brunnen!"

Da schien die Sonne der Prinzessin ins Gesicht und wurde vom Glück der beiden Königskinder angesteckt. Und sie schien und schien – neun Wochen lang.

Schneewittchen

Eine Königin hatte sich von Herzen ein Kind gewünscht. Es sollte so weiß wie Schnee, so rot wie Blut und so schwarz wie Ebenholz sein. Der Wunsch ging in Erfüllung, und die Königin bekam ein kleines Mädchen, das sie Schneewittchen nannte. Aber gleich darauf starb sie.

Nach einem Jahr nahm sich der König eine andere Frau. Sie war sehr schön, aber stolz und eitel. Sie konnte es überhaupt nicht leiden, wenn jemand sie an Schönheit übertraf. Die Königin besaß einen wunderbaren Spiegel. Fragte sie ihn: „Spieglein, Spieglein an der Wand, wer ist die Schönste im ganzen Land?", so antwortete er: „Frau Königin, Ihr seid die Schönste im Land." Sie wußte, daß er die Wahrheit sprach, und war zufrieden.

Schneewittchen aber wuchs heran und wurde immer schöner. Als es sieben Jahre alt war, konnte das niemand mehr übersehen. Und der Spiegel beantwortete die Frage der Königin nun so: „Frau Königin, Ihr seid die Schönste hier, aber Schneewittchen ist tausendmal schöner als Ihr."

Von diesem Augenblick an haßte die Königin das Mädchen. Sie ließ es von einem Jäger in den Wald bringen, wo er es töten sollte. Aber der Jäger hatte Mitleid und ließ es laufen. Statt dessen schoß er ein Reh und brachte Herz und Leber des Tieres zum Schloß als Zeichen für die Königin, daß Schneewittchen nicht mehr am Leben sei.

Das arme Schneewittchen aber irrte im Wald umher, bis es Abend wurde. Da fand es ein Häuschen und ging hinein. Alles in diesem Häuschen war klein und zierlich, aber reinlich. Da stand ein Tisch mit sieben kleinen Tellern, sieben Löffelchen, Messerlein und Gäbelchen. An der Wand standen sieben Bettlein nebeneinander. Blütenweiße Laken bedeckten sie.

Schneewittchen war sehr müde und hungrig und durstig dazu. Es aß von jedem Tellerlein ein wenig, nahm von der Suppe, vom Gemüse, vom Brot und trank ein Tröpflein Wein. Es wollte nicht einem alles wegnehmen. Dann legte es sich in eines der sieben Bettlein und schlief ein.

Als es dunkel geworden war, kamen die Bewohner des Häusleins heim. Es waren sieben Zwerge, die ihre Arbeit in den Bergen hatten. Sie zündeten sieben Lichtlein an, und wie es nun hell wurde, sahen sie, daß jemand hier gewesen sein mußte.

Der erste sprach: „Wer hat auf meinem Stühlchen gesessen?"

Der zweite: „Wer hat von meinem Tellerchen gegessen?"

Der dritte: „Wer hat von meinem Brot genommen?"

Der vierte: „Wer hat von meinem Gemüse gegessen?"

Der fünfte: „Wer hat mein Gäbelchen benutzt?"

Der sechste: „Wer hat mit meinem Messerchen geschnitten?"

Der siebente: „Wer hat aus meinem Becherlein getrunken?"

Dann traten sie zu ihren Bettchen und sahen, daß Schneewittchen in einem davon schlief. Sie fanden das Mädchen so schön, daß sie ihre helle Freude daran hatten.

Am Morgen erfuhren sie seine Geschichte. Die Zwerge baten das Mädchen, bei ihnen zu bleiben, das Häuslein rein zu halten und das Essen zu kochen. Gern blieb das Mädchen bei den guten Männlein. Und die warnten es, sehr vorsichtig zu sein, denn schon bald würde die böse Stiefmutter sicherlich wissen, wo es zu finden sei.

Eines Tages befragte die Königin wieder den Spiegel und erwartete, daß er ihr sagen würde, nun sei sie wieder die Schönste im Lande. Denn sie glaubte ja, daß Schneewittchen tot sei. Doch der Spiegel sprach: „Frau Königin, Ihr seid die Schönste hier, aber Schneewittchen, hinter den Bergen, bei den sieben Zwergen, ist tausendmal schöner als Ihr."

Da wurde sie schrecklich böse, weil sie merkte, daß der Jäger sie betrogen hatte, und dachte sich aus, das Mädchen selbst zu töten. Sie färbte Gesicht und Haar, verkleidete sich als alte Krämerin und packte Gürtel in die Tasche. Dann lief sie durch den Wald, klopfte an das Häuschen und bot die hübschen Gürtel an.

Schneewittchen suchte sich einen aus. Und die Alte sagte: „Komm, ich binde ihn dir gleich um." Schneewittchen dachte nichts Böses und ließ es zu. Aber die Alte schnürte ihn so fest, daß Schneewittchen der Atem wegblieb und es wie tot umfiel. „Nun bist du die Schönste gewesen!" sagte die Alte.

Zur Abendzeit kamen die sieben Zwerge heim. Wie traurig waren sie, als sie ihr schönes Schneewittchen liegen sahen! Doch als sie den Gürtel lösten, begann es wieder zu atmen. Dann erzählte es von der alten Krämerin. „Das war die Königin!" sprachen die Zwerge. „Du darfst nicht mehr aus dem Haus gehen, wenn wir fort sind."

Die Königin aber erfuhr schon bald von ihrem Spiegel, daß Schneewittchen bei den sieben Zwergen noch immer lebte und die Schönste sei. Da vergiftete sie einen Kamm und beschloß, als eine andere Händlerin verkleidet das Mädchen noch einmal aufzusuchen.

Doch als sie klopfte, öffnete Schneewittchen nur das Fenster und sagte: „Ich darf keinen einlassen und auch nichts kaufen." Da hielt die Königin den vergifteten Kamm hoch. „Probieren darfst du ihn aber doch?"

Schneewittchen steckte ihn sich ins Haar, und sofort begann das Gift zu wirken. Das Mädchen fiel um und lag ohne Besinnung. Als die Zwerge am Abend kamen, sahen sie das Mädchen. Einer fand gleich den vergifteten Kamm. Als er herausgezogen war, erwachte Schneewittchen.

Und auch das erfuhr die Königin von ihrem Spiegel. Nun vergiftete sie einen wunderschönen Apfel genau auf der Seite, wo er die rote Backe hatte.

Wieder klopfte sie bei Schneewittchen. Das öffnete ein Fenster und sagte ihr, sie möge weitergehen. Aber die Alte sprach: „Ich schenke dir einen Apfel. Und damit du siehst, daß er nicht giftig ist, esse ich die eine Hälfte, und du bekommst die andere."

Schneewittchen sah, wie die Alte in den Apfel biß, und nahm die andere Hälfte. Aber kaum hatte es hineingebissen, fiel es tot zur Erde.

Als die Zwerge diesmal heimkamen, konnten sie dem Mädchen nicht mehr helfen. Da legten sie es in einen Sarg aus Glas, schrieben seinen Namen darauf und trugen es hinaus auf einen Berg. Einer von ihnen blieb immer bei ihm. Aber auch alle Tiere des Waldes kamen und beweinten Schneewittchen.

Nun lag Schneewittchen lange Zeit dort und verlor nichts von seiner Schönheit. Da kam ein junger Königssohn vorbeigeritten. Er stieg ab und betrachtete es. Er war von seiner Schönheit wie verzaubert. „Bitte, verkauft mir den Sarg!" bat er die Zwerge. Aber sie wollten kein Geld.

„Dann schenkt mir euer Schneewittchen!" sprach er. „Ich will es ehren wie ihr. Ich kann ohne dieses schöne Bild nicht mehr länger leben." Da tat ihnen der Königssohn leid, und sie luden ihm den Sarg auf die Schulter.

Nach ein paar Schritten stolperte der Königssohn, und das Mädchen im Glassarg wurde tüchtig gerüttelt. Der Apfelschnitz fiel ihm aus dem Mund. Da erwachte es und setzte sich auf. „Wo bin ich?" fragte es.

Der Königssohn antwortete voller Freude: „Du bist bei mir. Ich habe dich lieber als alles auf der Welt. Komm mit mir in mein Schloß. Du sollst meine Frau werden." Schneewittchen ging mit ihm, und es gab eine wunderschöne Hochzeit. Zu dem Fest wurde auch Schneewittchens böse Stiefmutter eingeladen. Als sie in den Saal trat und Schneewittchen erkannte, ging ein Riß durch ihr böses Herz, und sie fiel um und war tot.

Die Bienenkönigin

In dem Königreich gleich hinter dem Land Überall lebten einmal drei Königssöhne. Die beiden ältesten zogen eines Tages aus, um sich in Abenteuer zu stürzen. Sie gerieten in ein wildes Leben und kamen nicht mehr nach Haus.

Da machte sich der Jüngste auf den Weg, um seine Brüder zu suchen. Als er sie endlich fand, wollten sie ihn nach Hause schicken; denn sie meinten, er sei zu einfältig, um sich durch die Welt zu schlagen. Aber er ließ sich nicht abschütteln.

Als die Brüder durch einen wilden Wald wanderten, stand ihnen ein Ameisenhaufen im Weg. Die beiden älteren wollten ihn aufwühlen, um sich an der Angst der emsigen Ameisen zu weiden. Aber der jüngste Bruder riß ihnen die Stöcke aus den Händen und sagte: „Sie haben euch nichts getan, warum wollt ihr sie ärgern?"

Also wanderten sie weiter bis zu einem kleinen Teich, auf dem hundert Enten schwammen. Die zwei älteren beschlossen, einige zu fangen und zu braten.

Aber der jüngste Bruder scheuchte die Enten weit auf das Wasser hinaus. Die beiden anderen murrten, aber sie nahmen den Weg wieder unter die Füße.

Unvermutet standen sie vor einer hohlen Eiche, in der ein Bienenvolk hauste. Die beiden Abenteurer entfachten sofort ein Feuer, um die Bienen auszuräuchern, denn sie wollten ihnen den Honig stehlen. Der jüngste aber trat das Feuer aus und rettete so die Bienen.

Am Ende des Tages fanden die Brüder ein seltsames Schloß. In den Ställen standen steinerne Pferde. Keine Menschenseele war zu erblicken, obgleich sie alle Hallen und Gänge durchsuchten.

Ganz zuletzt entdeckten die Brüder ein Kämmerchen, und als sie durch das Schlüsselloch blickten, saß da ein graues Männlein an einem steinernen Tisch. Sie riefen es an, aber das Männlein schien sie nicht zu hören. Erst als sie heftig an die Tür schlugen, öffnete es sieben Schlösser und kam heraus.

Es sprach kein Wort, aber es führte die Brüder an einen reich gedeckten Tisch. Und als sie gegessen und getrunken hatten, nahm das graue Männlein eine Kerze und leuchtete jedem in seine Schlafkammer.

Am nächsten Morgen weckte das graue Männlein den ältesten Bruder und deutete auf eine steinerne Tafel. Darauf standen drei Aufgaben. Konnten sie gelöst werden, wäre das verzauberte Schloß und alles, was dazugehörte, erlöst – vor allem aber drei wunderschöne Prinzessinnen.

Der Königssohn lief sofort in den Wald, um die tausend Perlen der Prinzessinnen zu suchen, die unter Moos und Farn versteckt lagen – denn das war die erste Aufgabe.

Als die Sonne unterging, hatte der Königssohn erst sieben Perlen gefunden. Da wurde er zu Stein, wie alles andere im Schloß.

Dem zweiten Bruder erging es nicht besser. Er fand zwar an die zweihundert Perlen – aber als die Nachtdämmerung in den Wald sank, versteinerte auch er.

Schließlich zog der jüngste Bruder aus, um die Aufgabe zu lösen. Er merkte bald, daß es unmöglich war, alle Perlen zu finden. Verzweifelt setzte er sich auf einen Stein. Da zog der Ameisenkönig mit seinem ganzen Volk heran – und es dauerte nicht lange, da hatten die winzigen Ameisen alle Perlen gefunden.

Am nächsten Morgen mußte der jüngste Bruder den goldenen Schlüssel zu der Schlafkammer der drei Prinzessinnen aus dem See holen. Ratlos starrte er in das trübe Wasser hinein. Wie sollte er im moderigen Grund den kleinen Schlüssel finden?

Aber nicht lange, da flogen die hundert Enten heran, die er einst gerettet hatte, tauchten kopfunter und fischten den goldenen Schlüssel aus dem See.

Die dritte Aufgabe war die schwerste. Das graue Männlein führte den Königssohn in eine verzauberte gläserne Kammer. Dort schliefen die drei Prinzessinnen. Sie glichen einander vollkommen – und er sollte die jüngste herausfinden. Da flüsterte das graue Männlein dem Königssohn zu: „Die jüngste liebt Honig – aber mehr darf ich dir nicht verraten."

Was sollte der Königssohn mit diesem Rat anfangen? Als er noch überlegte, schwirrte die Bienenkönigin heran, die er im Wald vor dem Feuer bewahrt hatte. Sie flog den schlafenden Prinzessinnen auf die Lippen. Bei der rechten blieb sie sitzen und summte, denn ein Hauch von Honig lag noch auf ihrem Mund. Daran erkannte der Königssohn die jüngste Prinzessin. Und damit hatte er auch die dritte Aufgabe geschafft.

Da war der Zauber gebrochen und alles vom Schlaf erlöst, und wer von Stein war, erhielt sein Leben zurück. Das graue Männlein aber wuchs und streckte sich – und war wieder der König.

Der jüngste Prinz heiratete die jüngste Prinzessin – und seine beiden Brüder heirateten die anderen zwei. Die dreifache Hochzeit, die nun gefeiert wurde, hörte man bis in das Land Überall.

Hans mein Igel

Es war einmal ein Bauer, der besaß alles, was das Herz erfreute – eine schöne, tüchtige Frau, Felder ringsum, die Weiden voller Kühe und die Ställe voller Schweine und Gänse. Aber trotzdem seufzte er vom Morgen bis zum Abend, denn er hatte kein einziges Kind.

Eines Tages, als der Bauer vom Feld heimkam, saß seine Frau wieder am Fenster und weinte. Da rief er: „Ach, hätten wir doch ein Kind – und wenn es auch ein Igel wäre!"

Kaum war ein Jahr vergangen, da bekam seine Frau ein Kind. Oben war es ein stacheliger Igel, unten aber ein Junge. Die Mutter nannte ihn Hans mein Igel. Sie hatte den Jungen von Herzen lieb und nähte ihm bunte Hosen. Der Vater aber schämte sich vor den Nachbarn und versteckte seinen Sohn hinter dem Ofen.

Da lebte Hans mein Igel acht Jahre lang, wuchs heran und hatte einen klugen Kopf. Aber der blieb voller spitzer Igelstacheln.

Eines Tages wurde in der Stadt ein Jahrmarkt aufgebaut. Der Bauer fuhr mit Pferd und Wagen zum Markt und fragte jeden im Haus, was er ihm mitbringen solle – schließlich auch Hans mein Igel hinter dem Ofen. „Väterchen", sagte Hans mein Igel, „ich wünsche mir einen Dudelsack!"

Und wie versprochen, als der Bauer vom Markt heimkam, verteilte er gestickte Pantoffeln, Zwickelstrümpfe und Honigkuchen, und Hans mein Igel bekam den Dudelsack.

Wie es kam, wußte niemand zu erklären, aber schon nach drei Tagen spielte Hans mein Igel auf dem Dudelsack, daß es wie Willkommen und Abschied zugleich klang und jedem das Herz rührte.

Da bat Hans mein Igel den Bauern: „Väterchen, laß mir vom Schmied meinen Gockelhahn beschlagen. Ich will in die Welt reiten und mein Glück suchen."

Dem Vater war das recht, denn er dachte: Reitet Hans mein Igel in die Welt, brauche ich ihn nicht mehr zu verstecken. Als der Schmied endlich dem Hahn Hufeisen angemessen hatte, nahm Hans mein Igel Abschied von seiner Mutter, schulterte den Dudelsack und ritt in den wilden unendlichen Wald. Weil aber den Vater das Gewissen zwickte, gab er ihm zwei Esel und zwei Schweine mit.

Mitten im wilden unendlichen Wald flog Hans mein Igel auf seinem Hahn zum obersten Kronenast der knorrigen Wettereiche. Dort verbrachte er viele Sommer und Winter und blies auf seinem Dudelsack. Und die wundersame Musik hielt Esel und Schweine zusammen wie ein unsichtbarer Weidezaun.

Niemals wanderte jemand durch den großen dunklen Wald, und immer war Hans mein Igel mit Hahn und Dudelsack, mit Eseln und Schweinen und den Tieren des Waldes allein.

An einem Herbstabend verirrte sich aber doch ein alter König mit Pferden und Kutschen und Dienern im wilden Wald. Der König zitterte, denn die Eulen heulten, und die Blätter raschelten unheimlich im Nachtwind. Im Mondlicht entdeckte der König schließlich Hans mein Igel und seinen Gockelhahn hoch oben in der Eiche und fragte gleich nach dem rechten Weg.

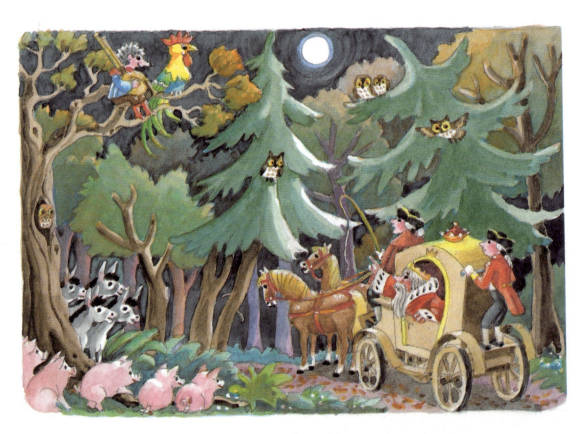

Hans mein Igel kannte jeden Baum und Strauch und Steg. Er stieg von der Eiche herab und führte den König mit allen Dienern sicher bis zum Rand des wilden Waldes.

„Wie kann ich dich belohnen?" fragte der glückliche König.

Hans mein Igel überlegte: „Gib mir, was dir bei deiner Heimkehr zuerst begegnet!"

Der König dachte: Das wird mein alter Hund sein! Und deshalb nickte er: „So soll es sein!"

Als der König aber über die Schloßbrücke fuhr, lief ihm als erstes sein einziges Töchterchen entgegen und fiel ihm vor Freude um den Hals. Der König erschrak. Aber weil er es nun einmal versprochen hatte, erzählte er der Prinzessin von Hans dem Igel.

Die Prinzessin seufzte, aber dann sagte sie tapfer: „Wenn er dir das Leben gerettet hat, dann soll es so sein, wie du es versprochen hast. Denn ich habe dich von Herzen lieb!"

Inzwischen bestieg Hans mein Igel seinen Hahn und trieb Esel und Schweine zu seinem Vater. Der staunte gewaltig, denn es waren so viele Tiere, daß sie selbst in allen Ställen des Dorfes keinen Platz fanden. Und als Hans mein Igel seine Mutter geküßt hatte, ritt er auf seinem Hahn zum Schloß des Königs. Dort blies er auf seinem Dudelsack, daß es wieder wie Willkommen und Abschied zugleich klang.

Die Prinzessin stand am Fenster. Sie weinte, als sie Hans mein Igel auf seinem Hahn durch das Tor reiten sah. Aber als sie die wundersame Musik hörte, wischte sie die Tränen ab, nahm Hans mein Igel an die Hand und führte ihn ins Schloß – und beide aßen und tranken zusammen.

Als es Abend wurde, sagte Hans mein Igel: „Nimm mich mit in deine Kammer, aber im Kamin muß ein loderndes Feuer brennen!"

Hans mein Igel spielte den Dudelsack, und beide stiegen die Treppe hinauf. Und alle im Schloß wischten sich heimlich die Tränen aus den Augen, denn es tat ihnen in der Seele leid, daß die Prinzessin einen Igel heiraten sollte.

Als die Kammertür geschlossen war, schlüpfte Hans mein Igel aus seiner Stachelhülle – und mitten im Zimmer stand ein schöner Jüngling. „Wenn du mich liebst, verbrenne meine Igelhülle", flüsterte er. Und die Prinzessin raffte die Stacheln zusammen und warf sie in die Flammen.

Da fiel Hans ohnmächtig zu Boden. Seine Brust und die Arme färbten sich schwarz wie verbrannt. Aber die Prinzessin pflegte Hans mit Salben und Kräutern, bis er wieder gesund war wie ein Fisch im Wasser.

Da wurde die fröhlichste Hochzeit gefeiert, von der man je gehört hatte. Der alte König schenkte Hans das Königreich. Und alle im Land lebten so glücklich wie im Märchen.

Eines Tages ritt Hans mein Igel mit seiner Prinzessin auf dem Gockelhahn durch den alten Wald, um seine Eltern zu besuchen. Die Mutter erkannte ihn gleich, der Vater aber wollte es nicht glauben. Da spielte Hans mein Igel auf seinem Dudelsack wie Willkommen und Abschied zugleich. Dem Vater stürzten die Tränen aus den Augen, und er umarmte seinen Sohn, der nun König war.

Jorinde und Joringel

Mitten in einem wilden dunklen Wald stand auf einem Felsen ein Schloß mit 77 Zimmern. In diesem Schloß wohnte ganz allein eine alte Frau. Sie war eine Hexe und verwandelte sich am Abend in eine Eule oder in eine große Katze. So schlich sie bei Mondschein durch den nächtlichen Wald und fing sich Hasen und Rebhühner.

Verirrte sich jemand bis zu der dichten Schlehdornhecke, die rings um das Schloß wuchs, wehte ihm ein kalter Wind ins Gesicht – und er mußte wie angewurzelt stehen und konnte weder Arm noch Bein bewegen. Erst wenn die Hexe ihn lossprach, durfte er davonlaufen.

Kam aber ein Mädchen bis zur Schlehdornhecke, dann sang die Alte einen Zauberspruch, und das Mädchen flatterte ihr als Vogel auf die Hand. Den sperrte die Hexe in ein Weidenkörbchen und hängte das Körbchen in ihr Schloß. In allen 77 Zimmern zwitscherten und sangen Vögel – vom Morgen bis zum Abend.

Bald wagten sich die Leute aus den Dörfern ringsum nicht mehr in den wilden unendlichen Wald.

Das schönste Mädchen, das je in der Nähe des wilden Waldes aufgewachsen war, hieß Jorinde. Im Nachbarhaus wohnte Joringel, ein schöner Bursche, den jedermann gern hatte.

Eines Tages schenkte Joringel Jorinde ein silbernes Ringlein, und sie versprachen, einander zu heiraten. Am Sonntag darauf gingen die beiden Hand in Hand am Rande des wilden Waldes spazieren.

Da flog plötzlich eine Turteltaube auf einen Ast und begann ein trauriges Lied zu singen. Das verzauberte die Herzen von Jorinde und Joringel so, daß sie Tränen weinten. Und als die Taube durch den unendlichen Wald bis zur Schlehdornhecke flatterte, mußten sie ihr folgen und verloren Weg und Steg.

Als Joringel die grauen Mauern des Schlosses erblickte, erschrak er und wollte seine Arme schützend um Jorinde legen. Aber er stand wie versteinert. Eine unheimliche Eule mit leuchtendroten Augen flog dreimal um Jorinde herum und streifte sie mit den Flügeln. Plötzlich begann Jorinde das traurige Lied der Turteltaube zu singen. Da wuchsen ihr Federn, und ihre Arme verwandelten sich in Flügel. Jorinde war eine Nachtigall geworden.

Im selben Augenblick versank die Sonne hinter dem Schloßturm, und die Eule tauchte in die Nachtschatten der Bäume. Aus dem Schloß kam die Alte mit einer krummen Nase wie ein Eulenschnabel. Sie murmelte seltsame Zauberworte, und die Nachtigall flog ihr in die Hand. Die Alte setzte die Nachtigall in ein Weidenkörbchen und trug es hinkend in ihr graues Schloß.

Joringel konnte sich noch immer nicht von der Stelle rühren und mußte alles hilflos mit ansehen.

Am Morgen schlurfte die Alte durch die Schlehdornhecke. Sie berührte Joringel mit einem stacheligen Kraut, und der Bursche konnte wieder gehen und reden und mit seinen Armen tun, was er wollte.

Joringel flehte die Hexe an, ihm Jorinde doch wieder herauszugeben. Aber die Alte verschwand in der Hecke, und nur eine Elster flog auf die Spitze des Schloßturms. Von dort sah sie auf Joringel herab und lachte höhnisch.

Joringel warf zornig einen Stein nach der Elster, aber der Stein kehrte in einem Bogen zu Joringel zurück und traf ihn an der Schulter.

Traurig wanderte Joringel in ein fremdes Dorf jenseits des wilden Waldes. Dort hütete er die Schafe.

Die Jahre vergingen, aber Joringel dachte Tag und Nacht an seine Jorinde und sah vom Mühlenberg oft sehnsuchtsvoll zu den Türmen des grauen Schlosses hinüber, die den wilden Wald überragten.

Eines Nachts hatte Joringel einen seltsamen Traum: Er fand unter einem Ginsterbusch eine blutrote Blume. Die hatte eine große, glänzende Perle in ihrem Kelch. Im Traum wagte sich Joringel mit der blutroten Blume in das graue Schloß. Da löste sich der Zauber von allem, was die Alte in ihrer Gewalt hatte. Und Joringel konnte seine Jorinde wieder in die Arme schließen.

Joringel konnte diesen Traum wochenlang nicht vergessen. Deshalb trieb er eines Tages die Schafe in das Dorf zurück und nahm seinen Abschied. Er durchstreifte Berg und Tal und suchte nach der blutroten Traumblume.

Am neunten Tag fand er eine rote Blüte unter einem Ginsterstrauch, und ein großer, schimmernder Tautropfen lag in ihrem Kelch. Joringel wußte gleich, daß er die Traumblume gefunden hatte. Er pflückte sie behutsam und trug sie über Berg und Tal zurück zum grauen Schloß. Da teilte sich die Schlehdornhecke und gab Joringel den Weg zum Schloß frei. Aber die Pforte war fest verschlossen. Da berührte Joringel sie mit der blutroten Blume. Die Torflügel sprangen auf, und Joringel betrat einen großen, düsteren Saal. Gleich schlurfte ihm die Hexe entgegen, aber sie konnte keine drei Schritte an die Blume herankommen. Ihre Verwünschungen prallten an Joringel ab wie Regentropfen an einem Buchenblatt.

Die Alte blickte Joringel böse an und spie Gift und Galle. Aber Joringel kehrte sich nicht daran. Er sah in jeden Vogelkorb hinein. Es gab hundert Nachtigallen. Wie sollte er da seine Jorinde herausfinden?

Als Joringel noch über einen Ausweg grübelte, sah er, wie die Alte heimlich ein Vogelkörbchen unter ihre Schürze schob und leise aus dem Saal schleichen wollte. Entschlossen sprang Joringel auf die Alte zu und berührte mit der blutroten Blume das Vogelkörbchen – und Jorinde stand vor ihm, so jung und schön, wie sie ehemals war. Sie legte beide Arme um Joringels Hals und küßte ihn.

Die Hexe aber wurde kleiner und schrumpelte zu einer schwarzen Fliege zusammen, die durch ein Schlüsselloch kroch. Da berührte Joringel alle Vogelkörbe im grauen Schloß mit der blutroten Blume. Und bald drängten sich 777 Mädchen in den Sälen und Kammern und feierten fröhlich ihre Befreiung.

Am nächsten Morgen war die Schlehdornhecke verschwunden. Die 777 Mädchen wanderten in ihre Dörfer zurück, und es wurde Wiedersehen gefeiert, daß es rings um den wilden unendlichen Wald vor Fröhlichkeit summte. Jorinde und Joringel aber hielten Hochzeit, so wie sie es sich versprochen hatten.